东北亚语言文化研究

（第 2 辑）

主编　周　浩　许汉成

东南大学出版社
SOUTHEAST UNIVERSITY PRESS
·南京·

图书在版编目(CIP)数据

东北亚语言文化研究. 第二辑 / 周浩，许汉成主编
. — 南京：东南大学出版社，2022.3
 ISBN 978-7-5766-0050-6

Ⅰ.①东… Ⅱ.①周… ②许… Ⅲ.①文化语言学-东亚-文集 Ⅳ.①H0-05

中国版本图书馆 CIP 数据核字(2022)第 045555 号

责任编辑：张万莹　　责任校对：子雪莲　　封面设计：王　玥　　责任印制：周荣虎

东北亚语言文化研究（第 2 辑）
Dongbeiya Yuyan Wenhua Yanjiu(Di-er Ji)

主　　编	周　浩　许汉成
出版发行	东南大学出版社
社　　址	南京市四牌楼 2 号（邮编：210096　电话：025-83793330）
网　　址	http://www.seupress.com
电子邮箱	press@seupress.com
经　　销	全国各地新华书店
印　　刷	江苏凤凰数码印务有限公司
开　　本	787 mm×1092 mm　1/16
印　　张	10.25
字　　数	249 千字
版　　次	2022 年 3 月第 1 版
印　　次	2022 年 3 月第 1 次印刷
书　　号	ISBN 978-7-5766-0050-6
定　　价	68.00 元

本社图书若有印装质量问题，请直接与营销部联系，电话：025-83791830。

目 录

语言与教学研究

利用 Java 语言处理俄语问题初探/许汉成 ……………………………………… 2
德语来源的外来词在俄化及语用过程中的变异现象研究/徐来娣　周池苇 ………… 13
俄语话语标记语的语用功能/张　岚 …………………………………………… 21
语言学习策略在日语专业八级统测备考中的运用/周　震 …………………… 30

文学与翻译研究

《毛泽东选集》中成语俄译方法探析/盖钰龙 …………………………………… 36
幕末日本与西方对话中的外交口译/尹　铁 …………………………………… 48
试析日本文化的"钝感力"及其文学表现/汤文峤 ……………………………… 58
左琴科讽刺幽默小说探析/崔国庆　于　鑫 …………………………………… 65
俄罗斯后现代主义文学中的圣愚形象——以《从莫斯科到佩图什基》为例/苏崇阳 … 75

历史与国情研究

第二次遣隋使所引发的"国书事件"之我见/王哲春 …………………………… 86
现代俄罗斯报纸发展探析/王晓捷　解　磊 …………………………………… 91

日本《朝日新闻》2017年涉华报道倾向性研究——以"一带一路"话题为中心
　　/周　雪　谢秋霞　缪小雨　来怡诺　徐　卫………………………… 101
试论日本传统战略文化对情报文化的影响/周　浩 …………………………… 110
日本战略文化的基因及其在对外政策中的影响/邓　青 ……………………… 118
"集团本位主义"对日本情报工作的影响/罗卫萍 …………………………… 132
俄罗斯情报工作军民融合主要特点/于　海　刘亚莉 ………………………… 139
"满铁"在侵华战争中的情报工作评析/李荣玉　周　浩 …………………… 145
浅析甲午战争前日本驻华武官情报活动/陈乐福　孙雨桥 …………………… 155

·语言与教学研究

利用 Java 语言处理俄语问题初探

许汉成

摘要：本文通过实验方法研究了 Java 语言处理俄语的能力，重点展示了 Java 的 String 类及 Java 正则表达式在俄语信息处理方面的应用。作者认为，考虑到中文平台输入和输出中俄文混文本的实际需要和困难，Java 值得有志于从事俄语计算研究的学者投入时间和精力。

关键词：俄语，自然语言处理，Java，String 类，正则表达式

引言

自从进入信息社会，人类就面临着海量信息处理的问题，而文本始终是信息的主要载体。文本大多是用自然语言书写的，这自然包括俄语文本。利用计算机自动化处理俄语、俄汉双语这个问题的解决速度、时间、质量，体现了我们这个国家在互联网时代处理海量俄文信息的能力，涉及国家安全和社会、经济发展。

俄语、俄汉双语的自动化处理，与英语和英汉双语的自动化面临的形势不同：国内程序员多数多多少少懂得点英语，处理起英语、英汉双语问题比较得心应手，同时英语是国内最流行的外语，市场庞大，有利可图，公司、研究者愿意投入时间、精力和各种资源，而国际上英语自动化处理起步早、开放性好、从业者众，语料库、算法、程序随处可见。俄语、俄汉双语的处理就困难得多，面临着完全不同的环境，连正常的教学和科研平台都没有。因此，俄语单词、俄汉双语的自动化处理问题还是要依靠国内俄语学者自身的努力。一些与俄语语言特点相关的计算问题，只能靠俄语学者转变思维方式，学习掌握一定软件工程知识，才能彻底解决。至于俄汉双语的问题，连俄罗斯人也都不能指望，他们的研究重点不会是汉语。一些纯粹的计算问题似乎可以依赖、借鉴和信赖英语、汉语的处理

方法。

20 世纪末起，计算语言学已经突破了形式语法的框框，更多地研究大规模文本的自动检索、抽取、分类、聚类等问题，这些问题的解决的必要条件是具备语料库、统计模型、算法，熟练使用一门程序语言是重中之重，是打开俄汉语自动化处理的金钥匙。俄语的编码复杂，在汉语平台上输入、输出俄汉混合文本面临许多挑战。笔者在 Windows 和 Linux 系统上尝试过多种编程语言，从 Lisp、Prolog、Basic/VB、C/C++、Perl、Python 到 Java、C♯。经过多年摸索，笔者认为，就俄汉语处理的程序语言工具而言，做 Windows 桌面程序，C♯ 是最好的选择；从开源资源、潜能和综合性能出发，Java 是很好的选择；Python 入门简单，文科生容易掌握，功能也比较强大，是很好的教学语言。本文主要探讨 Java 的俄语处理能力。Java 是一种成熟的、面向对象的编程语言，该语言在设计之初便考虑了多语言处理问题，系统内部采用 Unicode 表示字符，可以方便地处理世界上各种语言，而且具备跨平台运行能力。本文拟通过具体实验研究 Java 语言处理俄语几个基础问题：

一、实验环境

语言信息处理有高深的理论，如机器学习、统计语言模型，是目前软件科学研究的热点。但是，俄汉处理必须脚踏实地，从基础开始，多上机实践，才能打好俄汉语处理基础。俄汉语处理的实验环境包括很多东西，基础是计算机硬件、操作系统和程序语言。为了实现俄汉处理的目标，我们这里采用的操作系统是 Windows 7 中文版、JDK 1.7.0，编程工具就使用 JCreator 4.50(也可以使用纯文本编辑器 Notepad++)。

二、俄语字符串的处理

计算机处理自然语言与人理解语言文字完全不同。计算机内部用二进制数字表示和存储字符(包括字母、数字、标点符号、控制符等)，而人所看到的词、句子、文本在计算机里不过是二进制数字串，或者说是字符数组。在这个意义上，机器永远也不会真正理解语言。Java 语言库函数提供了大量与文本处理相关的类，如字符(Character)、字符串(String)、字符集(Charset)，其中 String 类可以直接用于俄语字符的存储和处理，其重要性不言而喻。这里最主要研究这个类。另外，我们还需要用 javax.swing.JOptionPane 类的 showInputDialog 来获取俄语单词、句子，用 javax.swing.JOptionPane 的 showMessageDialog 来显示结果。

俄语字符的编码方案很多,无论是哪个编码,俄语字母的值通常在128—255之间,排在拉丁字母、西文标点符号、控制符之后,要用到8位1个字节的最高位。汉语的编码也要用8位的最高位。俄汉处理中的乱码现象多由此产生。Java内部采用Unicode表示字符,计算一个字符串的长度时,会返回字母个数,而不是字节数,与语言学家的直觉相同。下面程序利用Java的String类的函数length()来计算字符串的长度:

```
import javax.swing.JOptionPane;
public class TestCyrillic1 {
    public static void main(String[] args){
        String str = JOptionPane.showInputDialog("请输入字符串:");
        int len = str.length();
        JOptionPane.showMessageDialog(null, str + "的长度为:" + str.length());
        System.out.println(str);
        System.out.println(str + "的长度为: " + str.length());
    }
}
```

我们输入хороший,得到"хороший的长度为:7"。Java在计算汉语词语的长度时,也会以汉字为单位的。我们还可以看到,在对话框里,汉字与俄语的显示非常正常。Java的这些特性,减轻了学习俄汉语处理问题的入门难度。

Java字符串类的charAt函数让我们可以方便地通过下标得到俄语单词的每一个字母,我们可以进一步判断,这个俄语字母是大写还是小写,是元音字母还是辅音字母。下面二行代码可以输出俄语单词的首、尾字母:

```
System.out.println(str + "的第一个字符为" + str.charAt(0)); //第一字符
System.out.println(str + "的最后一个字符为" + str.charAt(str.length()- 1)); //最后一个字符
```

其中,str是我们用来存储输入字符串的变量。2005年,何淑琴给出过几个测量文本难易程度的公式,我们完全可以借鉴英语的经验计算俄语文本的难度。要完成这个任务,就需要计算词长、句长、音节数等。下面代码通过计算元音字母个数计算俄语单词元音字母和辅音字母个数,可以成为解决上述问题的基础:

```
int num_vow= 0, num_con= 0;
String cyrStr = JOptionPane.showInputDialog("请输入一个俄语字符串:");
int len = cyrStr.length();

for(int i= 0; i< len;i+ + )
```

```
    {
        char c = Character.toLowerCase(cyrStr.charAt(i));
        //俄语元音字母
        if(c= = 'а'|| c= = 'и'||c= = 'о'||c= = 'у'||c= = 'э'||c= = 'ы'
            ||c= = 'е'||c= = 'ё'|| c= = 'ю'||c= = 'я')
        {
            num_vow+ + ;
        }
        //俄语辅音字母
        if(c= = 'б'|| c= = 'в'||c= = 'г'||c= = 'д'||c= = 'ж'|| c= = 'з'||
            c= = 'й'||c= = 'к'||c= = 'л'||c= = 'м'||c= = 'н'|| c= = 'п'||
            c= = 'р'||c= = 'с'||c= = 'т'||c= = 'ф'||c= = 'х'|| c= = 'ц'||
            c= = 'ч'||c= = 'ш'||c= = 'щ'||c= = 'ь'||c= = 'ъ')
        {
            num_con+ + ;
        }
    }
```

俄语单词的结构包含前缀、后缀、词根、后缀等，我们可以用 Java 的 String 类 startsWith 和 endsWith 来判断一个生词的开头和结尾。下面我们先分析俄语词是否以 при 开头、以 ся 结尾，然后用 substring 函数去除 приходиться 的前缀和尾缀。

```
import javax.swing.JOptionPane;
public class TestCyrillic2 {
    public static void main(String[] args){
        String str = JOptionPane.showInputDialog("请输入字符串:");
        String temp = null;
        System.out.println(str);
        System.out.println(str + "是否以 при 开始:" + str.startsWith("при") );
        System.out.println(str + "是否以 ся 开始:" + str.endsWith("ся") );

        if(str.startsWith("при")){
            temp = str.substring("при".length());
        }

        if(str.endsWith("ся")){
            temp = temp.substring(0,temp.length()- 2);
```

```
        }
        System.out.println(temp);
    }
}
```

toUpperCase 和 toLowerCase 可以用来转换俄语字母的大小写,例如把 путин 和 МОСКВА 变为 ПУТИН 和 москва。函数 compareTo 可以用来比较字符串对象的大小(区分大小写),这个函数返回一个整数,两个字符串相等,返回 0。如果字符串对象大于函数参数表示的另一个字符串,则返回值大于 0,相反则小于 0。compareToIgnoreCase 用于进行不区分大小写的比较。

```
//返回-32
System.out.println("区分大小写,Москва 与 москва 不否相同:" + "Москва".compareTo("москва"));
//返回-32
System.out.println("不区分大小写,Москва 与 москва 不否相同:" + "Москва".compareToIgnoreCase("москва"));
System.out.println("приходиться 包含 ходить: " + "приходиться".contains("ходить"));
//true
```

Выйти 的过去时阴性和复数形式,是由 выш 加 ла 和 ли 构成的:

```
System.out.println("выш".concat("ла"));  //вышла
System.out.println("выш".concat("ли"));  //вышли
```

indexOf 和 lastIndexOf 可以用来从开头和结尾查找特定字符串的是否出现以及出现位置:

```
System.out.println("приходить".indexOf("ходить"));  //3
System.out.println("вовремя".lastIndexOf("мя"));  //5
```

替换操作在文本信息处理中具有重要意义,Java 的 String 类的 replace, replaceAll, replaceFirst 可以完成替换、全部替换、替换第一次出现目标的操作:

```
System.out.println("выйти".replace("вы","во")); //войти
System.out.println("пробовать".replaceAll("о","и"));//прибивать
```

```
System.out.println("пробовать".replaceFirst("о","и")); //прибовать①
```

通常我们遇到的俄语文本都是由多个词、句子组成，而词典里存储的是一个个词的信息。将连续的、由空格等词分隔分开的词组和句子切分成词形的过程叫做分词。Java 的 String 类的函数 split 可以实现分词任务。下面程序将 У Лукоморья дуб зеленый 切分成词，并计算每个词的长度：

```
public class TestCyrillic4 {
    public static void main(String[] args) {
        String line =  "У Лукоморья дуб зеленый";
        String words[] =  line.split("\\s"); //以空白为标记分词
        for(int i= 0;i< words.length;i+ + ){
            //trim函数去除字符串前后的空白
            System.out.println(words[i]+ " : " + words[i].trim().length());
        }
    }
}
```

三、正则表达式与俄语文本处理

从计算机专业角度看，正则表达式（Regular Expression）是一种基于多个字符串共同特点而描述由这些字符串组成的字符串集合的方法。从语言研究和教学的角度看，正则表达式提供了一种在一个或多个文本查找、编辑、替换多个字符串的有力、方便的手段。对于没有程序设计经验的人来说，正则表达式并不是一个好理解的概念。我们采用所谓任务驱动的方式来解释这个问题。现在假定我们一份长达数千人的俄罗斯名人表，假定人名按照名、父称、姓的方式排列，下面是这张表的部分人名：

...

Александр Сергеевич Пушкин

Антон Павлович Чехов

Георгий Константинович Жуков

Михаил Илларионович Голенищев- Кутузов

...

---

① 非俄语词汇

现在有一个任务：要求将姓排在最前边，然后是名、父称，而且我们希望在姓后面插入一个逗号。如果手工一条一条录入操作，不断地剪切、拷贝，恐怕需要花费很多时间。这个任务可以用正则表达式来完成，主要包括下面两步：

1) 用于查找、匹配人名的表达式：([А—Яа—я—]+)\s+([А—Яа—я—]+)\s+([А—Яа—я—]+)

2) 替换匹配对象的表达式：$3,$1 $2

然后执行相关命令，我们就可以得到下面结果：

...

Пушкин, Александр Сергеевич

Чехов, Антон Павлович

Жуков, Георгий Константинович

Голенищев- Кутузов Михаил Илларионович

...

如果会 Java 语言，我们可以写程序完成这个任务，不会也没有关系，有一个免费 Java 程序 jRegExAnalyser 可以测试①、分析正则表达式。前面 Java 搜索和替换表达式体现一些正则表达式的部分要素：输入字符串、匹配和替换模式。我们利用匹配模式去输入字符串里查找目标字符串，如果能够匹配成功，我们可以进一步按照替换模式去替换输入字符串的相关部分。java.util.regex 包描述支持的正则表达式主要语法规则如下：

正则表达式	含义
.	任意一个字符
[abc]	匹配由 a、b、c 组成的字符集之中任意字符
[^abc]	匹配除 a、b、c 以外的任意字符
[a—z]	A 到 z 的所有字符之一
\d	任意一位数字，即[0—9]
\D	数学以外一个字符，即[^0—9]
\s	空白字符，包括[\t\n\x0B\f\r]
\S	非空白字符，即[^\s]

---

① http://www.schwebke.com/index.php/10/18/

续表

正则表达式	含义
\w	一个字符,即[a-zA-Z_0-9]
\W	非字符
X?	X,出现0次或1次
X*	字符X出现0次或多次
X{n}	字符X出现 n 次
X{n,}	字符X至少出现 n 次
X{n,m}	字符X出现 n 至 m 次
^	在多行模式下匹配一行开头
$	在多行模式下匹配一行末尾
XY	X后接着Y
X|Y	X或Y
(X)	匹配X并将其标注为一个组,以后可以引用
\n	第 n 组

正则表达式可以用来查找和处理俄语文本。例如,正则表达式"(ся|сь)$"可以找带ся动词,"\b(в|на)\b"可以找到 в 和 на 出现的各种场合,"[вВ]оенн.*{1,3}"可以找到военный 的各种形式,包括 военно-учетные специальности 之中的 военно,есть|был[оаи]*|буд.{1,3}|быть 可以找到 быть 的各种形式。如果把概念看成表达概念的词的集合,那么只要写好匹配每个词及其形式的表达式,我们就能够在概念层面上对文本进行统计分析。

自然语言处理问题涉及大量模式识别问题,其中包括自动分词和断句。分词(tokenization)就是将连续文本按照一定原则和方法自动切分成一个词。由于俄语词形变化丰富,因此切分操作得到的实际是词形(словоформа),而不是词的原形(лемма)。句子是语言信息处理的另一个重要单位,自动识别俄语句子也不简单,主要是俄语的圆点句号具有多种功能,也就是说,俄语句号有歧义。笔者以下面实例说明这两个问题:

Мы хотим создать мощный военный научно-учебный центр, где будет совмещен и процесс обучения и процесс науки и адаптировано более практически к реалиям сегодняшнего дня. Мы предусматриваем, что часть должностей офицеров будут заменяться гражданским персоналом, в том числе военные юристы, финансовые работники будут переходить в большей степени на гражданские специальности. Мы за счет громадного количества освобождаемых должностей офицеров можем в разы увеличить заработную плату и денежное содержание гражданского персонала и офицеров.

我们搜索正则表达式"\.",将它替换为"\.\n",即在所有句号之后添加一个换行符,这样可以得到下面几个句子:

- Мы хотим создать мощный военный научно-учебный центр, где будет совмещен и процесс обучения и процесс науки и адаптировано более практически к реалиям сегодняшнего дня

- Мы предусматриваем, что часть должностей офицеров будут заменяться гражданским персоналом, в том числе военные юристы, финансовые работники будут переходить в большей степени на гражданские специальности

- Мы за счет громадного количества освобождаемых должностей офицеров можем в разы увеличить заработную плату и денежное содержание гражданского персонала и офицеров

- Мы хотим создать мощный военный научно— учебный центр, где будет совмещен и процесс обучения и процесс науки и адаптировано более практически к реалиям сегодняшнего дня

- Мы предусматриваем, что часть должностей офицеров будут заменяться гражданским персоналом, в том числе военные юристы, финансовые работники будут переходить в большей степени на гражданские специальности

- Мы за счет громадного количества освобождаемых должностей офицеров можем в разы увеличить заработную плату и денежное содержание гражданского персонала и офицеров

如果我们用查找正则表达式"\s",即空白(空格、换行符、制表符等),并且替换成"\n",那就可以将上面短文切分成 138 个词形,除了个别标点符号紧挨着词形的问题外(如"центр,"),似乎效果还可以。其实只要对上面短文先进行初步整理,比如先利用正则表达式搜索所有标点符号,在其前面添加一个空格[搜索"((\.,!?;)]",替换为" \1",然后再将空格替换为换行符,就能得到比较满意的结果:

Мы

за

счет

громадного

количества

освобождаемых
должностей
офицеров
можем
в
разы
увеличить
заработную
плату
и
денежное
содержание
гражданского
персонала
и
офицеров
.

但是,俄语的句号是有歧义的,文本还很多使用句号,而且是句末的情形。例如:1) 缩略语:тыс.、млн.、т.е.;2) 时间,如:24.08.2010;3) 姓名,如:Н.Е. Макарова;4) 电子邮件或者网络地址,如 mail.ru。句号歧义的问题还应该进一步研究、分析,才能得到真正具有应用价值的俄语分词和断句工具。

四、结论

俄语的自动处理问题是俄语学者在新世纪面临的新问题。这一问题的解决具有重要理论价值和应用价值,是成功解决俄语语料库语言学、文本定量分析的基础,也是构建俄语辅助教学、辅助词典编纂系统的基础。一些基础俄语处理系统,如分词断句、词形还原与生成、词法分析、句法分析系统急待解决。但是,俄语自动处理的基础和资源还非常薄弱。完成这类工作需要既懂俄语,也懂程序设计语言,甚至要深入统计语言模型、机器学习的理论中去。我们认为,凡是有志进入俄语计算语言学的深水区的学者,必须掌握至少一门程序设计语言,而 Java 则是入门门槛相对不高、使用价值多的程度语言。

参考文献

[1] Forta B. 正则表达式必知必会[M].杨涛,等译.北京:人民邮电出版社,2007.

[2] 何淑琴,2005. 谈英语文体的定量分析[J]. 外语研究(1):31-35.

[3] 唐大仕. Java 程序设计[M]. 北京:清华大学出版社,2003.

[4] FRIEDL J E F. Mastering Regular Expressions[M]. 3rd. ed. CA.: O'REILY, 2006.

[5] GALLARDO R, Hommel S, Kannan S, et al. The Java Tutorial: A Short Course on the Basics[M]. 6th. ed New Jersey: Addison-Wesley Professional,2014.

[6] HAMMOND M. Programming for Linguists: Java Technology for Language Researchers[M]. New Jersey: Wiley-Blackwell,2002.

德语来源的外来词在俄化及语用过程中的变异现象研究

徐来娣 周池苇

摘要：社会语言学是当今语言学学科中的一个前沿领域，而语言变异是社会语言学的核心内容。根据语言变异理论，外来词在本土化及语用过程中，与外语原词相比，通常会产生语音、书写、语法、语义等方面的变异现象。德语来源的外来词是现代俄语外来词的重要组成部分之一，在俄语外来词研究中占有重要地位。本文试图以社会语言学变异理论为依托，研究德语来源的外来词在俄化及语用过程中的种种变异现象，以期对我国俄语外来词研究、语言接触和语言变异研究有所参考。

关键词：德语来源 外来词 俄化 语用 变异现象

社会语言学是当今语言学学科中的一个前沿领域，而语言变异是社会语言学的核心内容。回顾语言学研究史，随着结构主义语言学的诞生和发展，同质语言观一统天下，语言变异现象曾长期被语言学界所忽略。早在1921年，美国语言学家萨丕尔（Sapir）就已经发现这一问题。他曾指出，"尽管语言的规律性足以使语言的研究与自然科学媲美，语言学家不应该忘记语言学的完美整齐的条条框框不过是对千变万化的社会文化行为的一种概括性的总结"（徐大明 等，1997：68）。20世纪60年代社会语言学问世以后，语言变异现象重新又受到普遍关注，目前已经成为社会语言学的核心内容。以拉波夫（W. Labov）为代表的"变异学派"，把语言变异现象作为首要研究对象，强调语言变异在语言研究中的价值。"变异学派"的理论出发点是异质语言观，也就是把语言看作"有序异质体"。（孙金华，2009：15）异质是指所能观察到的语言是有差异的，有序是指语言成分的分布是有规则可循的，而变异是指语言运用上的变化和差异，它通过使用各种不同的语言上的变体表现出来。（祝畹瑾，1992：8 - 9）异质和有序并非相互排斥，而是相互转化，通过种种变异现象来探索语言的有序系统结构，这就是变异理论视角下的语言研究理念和研究方法。

俄语是世界上词汇最为丰富的语言之一。俄语之所以有如此丰富的词汇，首先是由于一千多年以来俄语词汇系统本身的不断发展，其次是由于俄语在其形成和发展过程中，始终与多种外族语言之间相互接触、相互影响，结果导致俄语向外族语言吸收了大量的外来词。根据语言变异理论，俄语外来词在俄化及语用过程中通常会在语音、书写、语法、语义等方面出现一系列与外语原词不同的地方，也就是变异现象。这些变异现象中，有的是外来词在俄化过程中直接产生的不同变体，有的是外来词在俄化之后随着时间推移在语用过程中逐渐产生的不同变体，我们可以分别称之为"俄化变异"和"语用变异"。

众所周知，现代俄语中的外来词根据其来源主要可分为两大类：一是借自古斯拉夫语的词，二是借自其他语言的词。其中，古斯拉夫语的词对俄语词汇的影响最为突出，这不仅是因为古斯拉夫语与俄语有着亲属关系，而且还因为古斯拉夫语还曾经是俄罗斯人祖先的书面语。因此，在俄语外来词研究领域中，关于古斯拉夫语的词的语音、词形、语义等特征的研究成果，早已是汗牛充栋。而对于借自其他语言的词，学者们通常聚焦于英语来源的外来词，而德语来源的外来词暂时尚未得到应有的重视。

我们认为，德国对于俄罗斯来说，绝不是一个普通意义上的国家。无论是两国联姻还是两国合作，抑或是两国战争，历史上的俄罗斯和德国之间始终保持着密切的相互接触。这种相互接触表现在两国社会生活的方方面面，广泛涉及政治、经济、文化、教育、军事等各种领域。德语来源的外来词是现代俄语外来词的重要组成部分之一，在俄语外来词研究中占有重要地位。本文试图以社会语言学变异理论为依托，从语音、书写、语法和语义四个方面出发，研究德语来源的外来词在俄化及语用过程中的种种变异现象，以期对我国俄语外来词研究、语言接触和语言变异研究有所参考。

一、语音方面的变异现象

德语原词进入俄语词汇系统而成为俄语外来词时，首先必须经过俄语语音系统的改造，在语音方面进行俄化。德语来源的外来词在俄化过程中，与德语原词相比，在语音方面通常发生种种变异现象，其中最为突出的有：词重音挪位、双元音单音化、辅音软音化等。德语来源的外来词在语音方面的变异现象，通常在俄化过程中直接产生，一般都属于"俄化变异"。

1. 词重音挪位

词重音挪位，也就是指德语词在俄化过程中，其重音大多会发生挪位现象，且大多会向后移动。其根本原因在于俄语词和德语词在词重音位置方面的本质性差异：俄语词重音是典型的自由重音，俄语词的任何一个音节都有可能带有重音，俄语词重音位置的分布基本无明显规律；而德语词重音虽说不是固定重音，但通常来讲有较强的规律性。德语词重音绝大多数在词首第一个音节，少数在第二个音节。因此，德语词在被俄化时，词重音如果要发生挪动，通常会向后移动。如，Inzuht—инцухт(近亲繁殖)，Rucksack—рюкзак(旅行背包)，Perückenmacher—парикмахер(理发师)，Gastrolle—гастроль(巡回演出)，Landschaft—ландшафт(景观；地形)等。

2. 双元音单音化

所谓双元音单音化，是指德语原词中含有双元音，进入俄语词汇体系之后，其中的双元音发生单音化，或是分解成2个单元音，或是分解成1个单元音+1个单辅音，或是变成1个单元音。这是由德、俄两种语言的不同音位体系所决定的：德语音位体系中含有3个双元音：au[ao](拼写形式为au)，ai[ae](拼写形式为ai、ei、ey、ay)，eu[ɔø](拼写形式为eu、äu)；而俄语音位体系中没有复元音现象。换言之，俄语中只有单元音，即便俄语词中偶尔会出现2个元音相邻的情况，它们依然是单元音，而不是合二为一的双元音。在俄化过程中，德语双元音被分解成2个单元音的有：Blockhaus—блокгауз(碉堡)，Umlaut—умлаут(词根元音交替)等；被分解成1个元音+1个辅音的有：Eintopf—айнтопф(一锅煮成的菜)，Brandmeister—брандмейстер(消防指挥员)；被异化成1个单元音的有：Schleuse—шлюз(闸)，Laubsage—лобзик(钢锯)等。

3. 辅音软音化

辅音软音化，是指德语原词在进入俄语词汇体系时，词中辅音往往会发生软音化，也就是在发音时添加舌中部上抬的补充发音动作。众所周知，硬软对立是俄语辅音体系中的一个重要区别性特征，辅音软化是俄语词中很常见的语音现象。因此，辅音软音化使得德语来源的外来词带上了鲜明的俄语发音特点。如，Kittel—китель(制服)，Schnitsel—шницель(煎肉排)，Staffeln—штафель(登记簿、登记卡)等。

二、书写方面的变异现象

德语原词进入俄语词汇系统时，如果要形成文字，还必须经过俄语书写系统的改造，在书写方面进行俄化。德语来源的外来词，在书写方面的变异现象主要有：书写基里尔字母化、普通名词首字母小写化、双写辅音字母单写化等。德语来源的俄语外来词在书写方面的变异现象基本属于"俄化变异"，它们通常在俄化过程中直接产生。

1. 书写基里尔字母化

德语来源的外来词,在引进俄语时通常用直接形译法。其直接形译基础如下:德语和俄语都采用字母文字,德语词的书写形式是拉丁字母,俄语词的书写形式是基里尔字母,德语词和俄语词之间通常可以互相转写。因此,德语来源的外来词,在成为俄语词汇系统成员时,在书写方面通常要基里尔字母化,即放弃德语原词的拉丁字母书写形式,转而采用俄语的基里尔字母书写形式。如,Absats—абзац(段落),Eisberg—айсберг(冰山),Zeitnot—цейтнот(超时)等。

2. 普通名词首字母小写化

根据德语拼写规则,所有的德语名词首字母无论在何种情况下都要大写,无论是在句中还是句首,无论是普通名词还是专有名词。但是,根据俄语拼写规则,专有名词首字母始终要大写,而普通名词只有在句首时,首字母才需要大写。因此,德语普通名词在进入俄语词汇体系时,通常会发生首字母小写化。如,Soldat—солдат(士兵),Zink—цинк(锌),Rucksack—рюкзак(背囊)等。

3. 双写辅音字母单写化

学过德语的人知道,在德语词中经常会出现辅音字母双写的现象,尤其是在短元音之后:Flamme、Kämme、Bett、Himmel、Hölle等。这种现象在俄语词中并不多见。因此,有不少德语原词中的双写辅音字母在进入俄语词汇体系时被改造成了单写辅音字母。如,Abriss—абрис(白描),Butterbrot—бутерброд(三明治),Kunstkammer—кунсткамера(珍品陈列馆),Zifferblatt—циферблат(刻度盘),Bollwerk—больверк(碉堡)等。

三、语法方面的变异现象

德语原词进入俄语词汇系统而成为俄语外来词时,在语法方面往往也会发生各种异化现象。根据我们研究,德语来源的外来词在俄化过程中所发生的语法变异现象主要有:词法标记异化、名词性范畴异化、名词数范畴异化和词性转换等。这几种现象通常在俄化过程中直接产生,一般也都属于"俄化变异"。

1. 词法标记异化

词法标记异化,是指德语词在进入俄语词汇体系时,其词法标记由原来的德语形式异化成俄语形式。这种异化现象主要涉及部分动词和名词。

德语动词在俄化过程中的词法标记异化,是指德语动词在引进成为俄语动词时,其词尾往往会由德语的常见动词词尾-en 异化成俄语常见动词词尾-овать、-евать 等。如 richten—рихтовать(拉直),schleifen—шлифовать(打磨),spritzen—спринцевать(冲洗腔穴或伤口)等。

德语名词在俄化过程中的词法标记异化,是指德语名词在进入俄语时,会根据该词原来用冠词标注的性范畴,在外来词干上加上一个相应的俄语词尾来表示该词的性。如,der Krach(德语名词阳性标记 der)—крах(破产,倒闭)(俄语名词阳性标记零词尾),die Bucht(德语名词阴性标记 die)—бухта(海湾)(俄语名词阴性标记—а)等。

2. 名词性范畴异化

有不少德语名词在进入俄语词汇体系时,它们的性范畴往往会发生异化,且基本无规律可言。

有的中性名词变成阳性名词,如,das Halstuch(中性)—галстук(阳性)(领带),das Fartuch(中性)—фартук(阳性)(围裙),das Hospital(中性)—госпиталь(阳性)(医院)等;

有的中性名词变成阴性名词,如,das Stemmizn(中性)—стамеска(阴性)(凿子),das Stück(中性)—штука(阴性)(一个,东西),das Waldhorn(中性)—валторна(阴性)(圆号)等;

有的阴性名词变成阳性名词,如,die Spritze(阴性)—шприц(阳性)(注射器),die Klasse(阴性)—класс(阳性)(年级,班级),die Losung(阴性)—лозунг(阳性)(口号),die Tomate(阴性)—томат(阳性)(番茄)等;

有的阳性名词变成阴性名词,如,der Jahrmarkt(阳性)—ярмарка(阴性)(集市),der Knopf(阳性)—кнопка(阴性)(按钮),der Schacht(阳性)—шахта(阴性)(矿井)等。

3. 名词数范畴异化

还有不少德语名词在俄化时会发生数范畴的异化。有部分德语原词本来是名词复数形式,进入俄语词汇体系时被异化成单数名词。如,德语词 Locken(卷发)、Klappen(阀门),原本都是名词复数,在进入俄语词汇体系时,则被异化成了名词单数 локон、клапан,更有趣的是,当俄罗斯人需要用这些名词的复数时,在德语原词的复数形式上还要再加上俄语的复数词尾 локоны、клапаны。

与此相反,也有个别德语原词本来是单数名词,在俄化过程中被异化成复数名词。如,Müsli(单数)—мюсли(复数)(牛奶麦片粥),Klößchen(单数)—клёцки(复数)(面疙瘩),Kornzange(单数)—корнцанги(复数)(镊子),Reithose(单数)—рейтузы(复数)(马裤)等。

4. 词性转换

我们发现,还有个别德语词在俄化过程中会发生词性的转化。有的是动词变成名词,如,justieren(动词)(校准,调准)—юстировка(名词)(校准,调准),schlingen(动词)(围,绕,缠)—шланг(名词)(软管),staffeln(动词)(按等级分,按等级排列)—штафель(名词)(登记簿)等;也有个别形容词转换成名词,如,falsch(形容词)(伪造的,假的)—фальшь(名词)(欺骗),stille(形容词)(宁静的)—штиль(名词)(宁静)等。

四、词义方面的变异现象

德语来源的外来词在语音、书写、语法方面的变异现象,仅仅是它们在形式方面的俄化变异现象。而事实上,德语来源的外来词在俄化及语用过程中,除了会发生上述形式上的变异现象以外,还会发生内容上的变异现象。德语来源的外来词在内容上的变异现象,就是指德语来源的外来词词义与德语原词词义不一致的现象,具体来讲,主要有以下四种情况:词义缩小、词义扩大、词义转移和词义色彩转变等。德语来源的外来词在语义方面的变异现象有的属于"俄化变异",有的属于"语用变异"。

1. 词义缩小

词义缩小,是德语原词的词义在俄化过程中普遍出现的语义变异现象,通常属于"俄化变异"。词义缩小,可以指德语来源的俄语外来词在义项数量上比德语原词有所减少的变异现象,也可以指德语来源的外来词在指称范围上比德语原词缩小的变异现象。

其中,德语来源的外来词在义项数量上比德语原词有所减少的变异现象较为普遍。如,Wechsel(1. 变化,转变;2. 更换,更迭;3. 兑换;4. 汇票;5. 每月汇款;6. 小道,小径;7. 轮作,换茬)—вексель(汇票)(原词7个义项,俄化后1个义项);Stab(1. 棍,棒,杆;2. 撑杆,接力赛;3. 权杖;4. 参谋部,司令部,指挥部;5. 行动班子)—штаб(司令部,参谋部,指挥部)(原词5个义项,俄化后1个义项);Tanz(1. 舞蹈;2. 舞会;3. 舞曲;4. 口角)—танец(舞蹈)(原词4个义项,俄化后1个义项);等等。

德语来源的外来词在指称范围上比德语原词缩小的变异现象相对较少,如,Sand(1. 沙子,砂;2. 沙滩,沙丘,沙洲;3. 磨料)—зандры(特指冰水冲击形成的沙砾平原),俄语外来词зандры的词义与德语原词Sand相比,不仅义项由3个减到1个,且引进义项的指称范围也明显缩小;再如,Standort(1. 位置,方位;2. 部队驻地;3. 植物生长环境)—штандорт(经营上的有利位置),俄语外来词штандорт的词义与德语原词Standort相比,不仅义项由3个减到1个,且引进义项的指称范围也明显缩小,等等。

2. 词义扩大

所谓词义扩大,是德语来源的外来词词义在语用过程中逐渐出现的语义变异现象,是指德语来源的外来词词义与德语原词词义相比义项有所增加,或者指称范围有所扩大,它们通常属于"语用变异"。其中,义项有所增加的情况如,Agent(1. 间谍,奸细;2. 代理人,经理商)—агент(1. 代理人,经理商;2. 间谍,奸细;3. 媒介,介质;4. 动因;5. 试剂;6. 作用力;7. 地质营力;8. 因子;9. 代办人;10. 代办)(该词从引进时的2个义项,在语用过程中扩大到 10 个义项);再如,Rakete(火箭,导弹)—ракета(1. 火箭,导弹;2. 信号弹,照明弹;3. 火箭式小客艇;4. 球拍)(该词从引进时的1个义项,在语用过程中扩大到 4 个义项),等等。指称范围有所扩大的情况如,Butterbrot(指涂黄油的面包片)—бутерброд(指所有三明治);再如,Wanne(指澡盆)—ванна(不仅指澡盆,还可指澡堂、沐浴液等)。

3. 词义转移

词义转移是德语来源的外来词在俄化过程中的第三种常见语义变异现象,是指德语原词表示甲物,而相应的德语来源的外来词却表示与甲物有某种关联的乙物。如,Peruckenmacher(假发制作者)—парикмахер(理发师),Gastrolle(客串角色)—гастроль(巡回演出),Halstuch(围巾)—галстук(领带),Klößchen(小丸子)—клёцки(面疙瘩),Zeche(矿山、矿区)—цех(车间)等。德语来源的外来词在俄语中的词义转移一般属于"俄化变异"。

4. 词义色彩改变

词义色彩改变,是德语来源的俄语外来词在语用过程中的常见语义变异现象,是指德语原词为中性词,而相应的德源俄语外来词在语用过程中却带上了比较明显的色彩意义;或者相反,德语原词带有比较明显的色彩意义,而相应的德源俄语外来词在语用过程中却发生中性化。德语来源的外来词的这种语义变异现象一般属于"语用变异"。前者如,德语原词 Standort(1. 位置,方位;2. 部队驻地;3. 植物生长环境)为中性词,无明显褒贬色彩,而由此产生的俄语外来词 штандорт(经营上的有利位置),则带有明显的褒义色彩;后者如,德语原词 Peruckenmacher(假发制作者)带有一定的贬义色彩,而由此产生的俄语外来词 парикмахер(理发师),其词义色彩已经完全中性化。

综上,德语来源的外来词作为俄德语言接触的重要结果之一,在俄化及语用过程中往往会在语音、书写、语法、语义等方面产生不同于德语原词的种种变异现象,有的变异现象直接发生于俄化过程中,有的变异现象则发生于俄化完成之后的语用过程中,从而分别形成"俄化变异"和"语用变异"。对这些变异现象的研究,可以使我们直观地看到语言接触和语言变异之间的相互联系和相互作用:一方面,语言接触导致语言变异;另一方面,语言变异使得语言系统具有更大的包容性,从而可以进一步推进语言接触。

参考文献

孙金华,2009.拉波夫的语言变化观[M].南京:南京大学出版社.
徐大明,等,1997.当代社会语言学[M].北京:中国社会科学出版社.
祝畹瑾,1992.社会语言学概论[M].长沙:湖南教育出版社.

俄语话语标记语的语用功能

张 岚

摘要：话语标记语是日常言语交际中常见的语言现象。众所周知，交际的过程就是交际双方明晰地进行意图交流的过程。话语标记语是话语交流必不可少的手段之一，它可以参与语篇的组织、唤起听话者的注意、表明说话人的情感和态度、形成连贯的话语、增强或减弱话语的语势、维持交际的正常进行。本文从功能的角度，详细地分析了话语标记语在语篇的生成和理解过程中的四种语用功能。

关键词：俄语；话语标记语；语用功能

话语标记语是一种常见的话语现象，是一些在话语中起着不可忽视作用的词语或结构，如英语中的 I mean、you know、well 等，俄语中的 ну、вот、значит 等。话语标记语不仅表明两个或两个以上话语单位之间的关系，使语篇具有整体连贯性，而且其能使话语同语境相关联，最大限度地减少听话者付出的努力。自从 1953 年英国语言学家夸克（R. Quirk）在一次讲座中首次明确地谈到英语口语中出现的修饰语 you know、you see、well 后，人们逐步开始关注这类语词，并展开了大量的研究和讨论。20 世纪 70 年代末期，随着语用学这门新兴学科的确立和发展，西方和俄罗斯语言学界越来越多的学者对言语交际中类似的语词产生了浓厚的兴趣。话语标记语已成为近年来国外会话分析、语用研究的一个新的探讨课题。虽然不同的研究者对话语标记语的研究视角和方法不同，但学者们趋同于认为话语标记语是口语或会话交流中一种十分常见的话语现象，它们在话语中的作用主要是动态的语用功能，而不是句法的或语义的功能。"它们在交际过程中所起的作用远远超出常规意义上一个普通词汇或结构的作用，它们依附在一定的话语中，起着由语境才能确定的语用功能。"（冉永平，2004）

一、西方和俄罗斯的研究概述

话语标记语（discourse markers；дискурсивные маркеры）又称为话语联系语（discourse connectives；дискурсивные соединительные элементы）、逻辑联系语（logical connectors；логические коннекторы）、话语操作语（discourse operators；дискурсивные операторы）、语用标记语（pragmatic markers；прагматические маркеры）、语用联系语（pragmatic connectives；прагматическиесоединительные элементы）、语用小品词（pragmatic particles；прагматические частицы）、话语小品词（discourse particles；дискурсивные частицы）、话语词（discourse words；дискурсивные слова）、篇章联系语（text connectors；текстовые коннекторы）等，不同的研究方法和不同的视角使得学者们对它的定义也不相同，但有一点越来越趋于认同，就是类似词语或结构的功能主要是语用的，而不是句法的或语义的。语用学家 Levinson(1983)就曾对此有过论述，虽然他没有直接使用话语标记语这一术语，但却提及了它们的语用功能："英语，毫无疑问绝大多数语言中，都有很多标记某一话语与前面话语之间所存在的某种关系的词语和短语，如位于句首的 but、therefore、in conclusion、still、however、anyway、well、besides、all in all、so、after all 等。人们普遍认为，这些词语至少包含了非真值条件意义。它们常常表示所在的话语仅仅是前面话语的一种回应、延续。"(转引自冉永平 等，2006：149) Levinson 的这一简短评述后来引起了学者们对话语标记语的关注与兴趣。

大致而言，西方对话语标记语的研究可以分为两大阵营(黄大网，2001)：(1) 以 Ostman、Schiffrin、Redeker、Fraser 等人为代表的"连贯"派；(2) 以 Blakemore、Rouchota、Jucker 等为代表的"相关"派。两派对交际的认识不一，对话语标记语的看法也各异。"连贯"派认为语篇的生成和理解中最为重要的要素是连贯，连贯包括一整套的连贯关系。例如，一整套将语篇联系在一起的隐含关系，诸如条件、结果、原因、证据、详述等。话语标记语通过衔接关系表示一种语义上的联系。它是表征性的(representational)，它限制了对话语关系的命题选择，这些命题表达了听话人需恢复并用来理解语篇的连贯关系。"相关"派则认为，说话人的大脑里已有一种具体阐释自己话语的选择，在交际的过程中他期待听话人能理解并得出这个选择，为此，听话人必须正确地处理说话人的话语。话语标记语通过将听话人引向预设的上下文及其效果来限制听话人的理解过程。Rouchota 对话语标记语的不同功能进行了细致的研究，他把话语标记语区分为两大类：编码概念意义的标记语和编码程序意义的标记语。前者主要指一些表示说话者情感、态度的标记语，如 frankly、I believe、incidentally 等；后者指揭示话语内部联系的标记语,如 moreover、and、after all 等。话语标记语主要编码程序意义 (procedural meaning),而不形成话语所表达的命题关系。它将听话人引入处理话语所需的语境之中,帮助听话人更好地推导出话语的含义。

Blakemore 运用关联理论来解释话语标记语的作用。他认为话语标记语的唯一功能是规定语境特征与语境效果,引导听话人理解话语。换言之,它是通过将上下文的某些特征及其达到的效果具体化,帮助听话人理解说话人的话语。根据 Sperber 和 Wilson 的关联理论,使用话语标记语的目的就是要最大限度地减少听话人理解话语时所付出的努力,所付出的努力越小,表明话语的关联性越强。使用话语标记语能引导听话人获取说话人所期待的语境假设和语境效果,向听话人提供明示的语言标记,帮助其获取话语的关联性,使他无需付出太大的努力便能理解话语的含义。

在俄罗斯,学者们也历来关注和重视这类保证语句间或语篇各部分间连贯和表达交际—语用信息的语词。В. В. Виноградов 把我们称之为话语标记语的绝大部分划分到所谓的情态词中。Гак 也曾在《语用学、言语习惯与言语语法》一书中提出了"言语词",也就是标记词语这一言语范畴。并划分出从说话人角度表达事件确切程度的标记词语,表达主观评价的、逻辑论证的、称名准确程度的标记词语,反映言语参与者的规范观念的语言成分,等等。(Гак, 1982: 25 - 27)Гак 虽然没有明确提出话语标记语这一概念,但他所提出的言语标记词语相当一部分即属于话语标记语,并且他指出,由于这些词语分属于不同的词类,一直被分别对待,因此它们在功能上的共性和特性没有能够被发现,而语用学的方法为分析这些词开辟了广阔的前途。

20 世纪 80 年代以后,随着语用学这门新兴学科的孕育、确立与发展,俄罗斯语言学界对这类词的描写发生了质的飞跃。学者们指出,话语标记语"一方面能够保证语篇的连贯性,另一方面它用最直接的方法反映说话者和受话者相互作用的进程、说话者的立场:说话者如何阐释他向受话者所报道的事实并怎样从重要性、真实性、可能性程度方面评价它们。正是这些语言单位调控着交际的进程"(Баранов, Плунгян и Рахилина, 1993: 7)。话语标记语同传统意义上的虚词并不相同,根据 К. Л. Киселёва 和 Д. Пайар 的观点,一个词或结构是否属于话语标记语取决于它在话语中的功能。话语标记语的确定有以下两个方面的准则:1)不具有指物意义;2)建立两个(或更多)话语组成部分间的关系(Киселёва и Пайар, 1998: 8)。所以那些按照传统分类法归入不同词类的词进入了话语标记语的组成部分,如:连接词(и、но、если、чтобы、хотя 等)、语气词(ну、значит、лишь、разве、авось 等)、感叹词(ой、господи 等)、副词(наверно、опять、снова、наоборот 等)、代词(это、вот 等)、代副词(потом、тогда、там、вот 等)、静词性或前置词结构(таким образом、на самом деле 等)、动词形式(скажем、понимаешь 等)、固定短语(мне кажется

等)等,其核心是语气词和情态词。人们在交际中,交际双方总会设法做出努力,使话语保持连贯,以达到交际的目的。话语标记语的作用正是保持后续话语与前述话语之间的连贯,将话语单元在各个层面上可能存在的相互联系展现出来,给话语理解提供指引。Кобозева 曾指出,语气词的语用功能在于"组织交际互动进程"(Кобозева,1991:158)。Т. М. Николаева 甚至认为,语气词"表达着最大限度的语句交际面的内容,它们表达了和语境的关系、语篇组成部分之间的联系、说话者之间的联系以及说话者和连接说话者与受话者的'共有知识体系'的关系"(Николаева,1985:14)。可见,语气词,进而话语标记语极大地承担着交际成功的重担。

综上所述,作为语篇联系的基本手段之一,话语标记语的数量比重在各语言中都很大,特别是在口语中。在实际交际过程中,除了使用语调外,说话者常使用话语标记语来制约受话者对话语的理解,而受话者则通过语用推理对话语作出判断、提取话语信息。因此,正如 Баранов, Плунгян 和 Рахилина 指出的:"这一类的词(不管怎样称呼它们)无论在构建和理解话语的过程中,还是在掌握语言的过程中,都起着非常重要的作用。"(Баранов, Плунгян, Рахилина, 1993:7)

二、俄语话语标记语的语用功能

话语标记语的功能众多,不同的学者有不同的看法。从语言的功能出发,Halliday(1994),Brown 与 Yule(1983)普遍认为话语标记语的最主要功能是帮助交际双方生成和理解话语。综合西方和俄罗斯各家学者的看法,我们认为话语标记语至少具有以下几种语用功能:语篇组织功能、强化语势功能、弱化语势功能和情感意向功能。

1. 语篇组织功能

语篇组织功能是指说话人通过话语标记语把零碎的不连贯的话语组织成连贯的话语。话语标记语在语篇组织方面最突出的作用是组织话语,构建交际语境,保持话语意义连贯。此时的话语标记语可使说话人突出话语的主题结构,标识语段之间衔接与连贯,确保听话人获得一个有意义的完整的图景,从而理解话语真实含义。如:

1)——**Между прочим**, Лиходеев, по собственной его просьбе, был заключен в надёжную камеру. (М. Булгаков)

2) Вот и теперь: правление уполномочило его ускорить работы, **то есть, иными словами,** он сам себя уполномочил к этому. (А. Куприн)

3)——Гегемон разобрал дело бродячего философа Иешуа по кличке Га — Ноцри, и состава преступления в нём не нашёл. **В частности,** не нашёл ни малейшей связи между действиями Иешуа и беспорядками, происшедшими в Ершалаиме недавно. (М. Булгаков)

4) Вот не угодно ли: в Государственной Газете сегодня читаю, что на площади Куба через два дня состоится праздник Правосудия. **Стало быть**, опять какой—то из номеров нарушил ход великой Государственной Машины, опять случилось что — то непредвиденное, непредвычислимое. (Е. Замятин)

5) —Для него усадьба замкнулась в своём тесном кругу, довольствуясь своею собственною тихою жизнью, к которой примыкала не менее тихая жизнь посессорской "хатки". **Таким образом**, Пётр, ставший уже юношей, вырос как тепличный цветок, ограждённый от резких сторонних влияний далёкой жизни. (В. Короленко)

例1)中由 между прочим 引入的语句同前述语句相比,话题有所改变;例2)中的 то есть, иными словами 指示了后面的语句是对前述语句命题内容的另外一种说法,具体而言就是表示后续语句是对前述信息的"换个说法",使语句内容往往更加清楚、易懂;例3)中的 в частности 指示了后续语句是对前述语句内容的进一步确认,使其更为详细;例4)和例5)中的 стало быть 和 таким образом 将前后语句连接了起来,指示了它们之间的因果关系,且后续语句是前述语句的结论。

2. 强化语势功能

根据言语行为理论,语势(即意向功能)(illocutionary force; иллокутивная функция)是一个复杂的结构,它主要是由说话者目的及其心理状态、交际双方社会地位的差别和利益、言语行为同上下文的关系以及其他一些因素构成。话语标记语所传达的许多意向信息同语势相交叉,它们同语势一起构成语句语义的意向要素。话语标记语的意向信息和语势有一定的相互作用,带有话语标记语的语句的潜在意义通常要比不带话语标记语的该语句窄,也就是说话语标记语在语句中限制了语句表达不同意向类型的潜力。正是由于这个限制效力,在实际交际过程中,话语标记语可以对语句起调节作用,即强化或弱化语句的语势,以收到说话者预期的言后效果。以下是强化语势的例子:

1) Лика, **правда**, выходит замуж.

2) —Чего гонитесь за ним! Он вас и **впрямь** там убьёт! —гневно крикнул на отца Иван Фёдорович. (Ф. Достоевский)

3) Я **действительно** должна перед вами извиниться.

上述例句中话语标记语都是通过说话人对命题内容真实性的态度来提高话语的语势强度的。其中例3)借助 действительно 表明说话人强烈地意识到自己的错误,从而加强了道歉语势。

4) —А Берлиоз, **повторяю**, меня поражает. Он человек не только начитанный, но и очень хитрый. (М. Булгаков)

5) И тогда, **поверьте**, недостатка в нём не будет. Даже, пожалуй, хорошо было бы, если б его было поменьше. (М. Булгаков)

上述4)和5)例句中的说话者用 повторяю, поверьте 强调、突出了命题内容,附有加强和提请对方注意的意味。类似的话语标记语还有 напоминаю、подчёркиваю、не поверишь、согласись、заметьте、представьте、вообразите 等。

除了通过表达对话语命题的态度来增强其语势外,说话人还可以通过不同的方式提及说话人的知识或假定双方共有的背景信息,来达到强化语句语势的目的。如:

6) —Я получу согласие, а сы—сын? **Ведь** они мне не отдадут его. **Ведь** он вырастет, презирая меня, у отца, которого я бросила. (Л. Толстой)

7) —Я нынче узнал, что брат Николай—**знаешь**, он тут—я и про него забыл. Мне кажется, что и он счастлив. (Л. Толстой)

8) —Ну, а колдовству, **как известно**, стоит только начаться, а там уж его ничем не остановишь. (М. Булгаков)

上述例句中的 ведь 和 знаешь 提醒听话者应该知道的后续信息,как известно 假定双方共有的背景信息,它们都标记了说话者和受话者共知的事实,将说话者和受话者置于一个共知的范围内,不仅拉近了交际双方的距离,有利于交往的顺利进行,而且还强化了相关语句的语势。

3. 弱化语势功能

不同类型的言语行为可能给受话人带来不快或会对受话人的面子构成威胁,因此在使用中,常常添加话语标记语来减弱这些言语行为的语势,使其显得委婉、柔和。如:

1) —Что же делать-то мне, мужики, **а**? Присоветуйте. (Б. Васильев)

2) —Я сейчас схожу за ней. Посидишь?

—Посижу. Только поскорей, **ладно**? (В. Шукшин)

3) —Мария, не отопру! —сказала она шепотом. —Отопри, **что ли**. (А. Чехов)

在这些例句中 а、ладно、что ли 等分别缓和了疑问和祈使的语气,减弱了它们的强度,表达了缓和的疑问、婉转的建议或请求。

言语交际中说话人还往往使用从可靠性角度来说明命题内容真实性的话语标记语,就语句的真实程度对话语内容做出修正。它们不仅可以表明说话人对话语内容所作的直接主观测度,还可缓和语势。如:

5) —А что сегодня?

—**Говорят**, комедия какая-то. (В. Шукшин)

6) —простите меня, но вы, **кажется**, ошибаетесь в Марфе Никитишне! —(Ф. Достоевский)

7) —А вот что: если ты хочешь их видеть, они , **наверное**, нынче в Зоологическом саду от четырёх до пяти. (Л. Толстой)

例5)中的 говорят 表明话语是他人的看法;例6)中使用 кажется 减轻断言的程度,从而显出对他人的尊重,并显得礼貌和得体;例7)中的 наверное 使话语留有余地,万一搞错,说话者的责任也会轻些。

在言语交际中，人们通常力求使自己的言语行为符合礼貌原则(принцип вежливости)，这时话语标记语就经常充当缓和手段。如:

8) —Ну, тут вы **немного** ошибаетесь; я в самом деле—был нездоров—(Ф. Достоевский)

9) —У тебя **не совсем** хороший вид, —сказала она. (Л. Толстой)

受赞誉准则(максима одобрения)影响说话人在实施"不赞"这种评价行为时,尽量用各种手段来减轻负面评价的影响,努力减少评价的绝对性。而一致准则(максима согласия)又要求尽量减少双方的分歧,所以上述例句中说话人在做出对受话人不利评价时使用了 немного、не совсем。这样不仅顾及了受话人的"面子",而且减少了这一言语行为可能产生的负面效果,降低了以言行事用意的力度,提高了话语的可接受性。

4. 情感意向功能

这是指话语标记语可以表达说话者的情感意向状态(эмоциональное интенциональное состояние)。比如:разве、неужели、к удивлению、к изумлению 等是惊讶的指示,тоже、какое、где 等表达说话者的蔑视和否定评价,же 可以传递说话者的气愤等。如:

1) —**Неужели** вы были влюблены? —сказала она Яшвину. (Л. Толстой)

2) —Я, игемон, никого не призывал к подобным действиям, повторяю. **Разве** я похож на слабоумного? (М. булгаков)

3) —Побирается за счёт музыки. **Тоже** служитель искусства! (А. Чехов)

4) —А что, он лечит, точно —**Какое** лечит! Ну, где ему! (И. Тургенев)

5) —Что ты лежишь! Петя **же** приехал! Тебя что ли это не касается! (К. Бонно, С. Кодзасов)

6) — Я сказал ей куда. И, **к изумлению** своему, увидел: розовый круг рта сложился в розовый полумесяц, рожками книзу — как от кислого. Меня взорвало.（Е. Замятин）

此外,某些话语标记语可以表达说话者对意向状态客体的价值评价(好/坏,愿意/不愿意)。如:благо 这类语气词,к счастью、к сожалению、чего доброго 这类插入词和短语,увы 这类感叹词等。如:

1) А. Она разбила литровку о вертушку.

　　Б. Она литровку—**то** о вертушку и разбей!（М. булгаков）

例1)中 А 和 Б 句子语义相同,区别在于传递的隐含意义不同。Б 中的—то 传递了该事件(撞在转门上并打碎油瓶)对于说话者来说是非常意外的,是他所不愿意见到的。再如:

2) Службу бросил,**благо** явилось какое—то наследство, дающее ему возможность существовать без труда.（В. Гаршин）

3) —но,**увы**, встревоженная вопросом истина со дна души на мгновение прыгает в глаза, и всё конечно. Она замечена, а вы пойманы!（М. булгаков）

4) —Но,**к счастью**, мессир, я не женат, и скажу вам прямо счастлив, что не женат.（М. булгаков）

5) Папаша,—и,**к досаде** моей, разговор этот прекратился.（И. Тургенев）

三、结语

话语标记语是日常言语交际中常见的语言现象。众所周知,交际的过程就是交际双方明晰地进行意图交流的过程。话语标记语是话语交流必不可少的手段之一,它可以参与语篇的组织、唤起听话者的注意、表明说话人的情感和态度、形成连贯的话语、增强或减弱话语的语势、维持交际的正常进行。本文从功能的角度,详细地分析了话语标记语在语篇的生成和理解过程中的四种功能。实际上,话语标记语的研究是语用学研究的一个新领域,而对俄语话语标记语的研究在国内更是凤毛麟角。话语标记语的功能远非一篇文章所能穷尽,本文只是从一个侧面研究了话语标记语在言语交际中的作用,旨在抛砖引玉,以期唤起学界对该领域的重视。

参考文献

黄大网,2001. 话语标记研究综述[J]. 外国语言文学(1):5-12.

冉永平,2004.言语交际的顺应—关联性分析[J]. 外语学刊(2), P28~33.

冉永平,莫爱屏,王寅,2006. 认知语用学言语交际的认知研究[M]. 上海:外语教育出版社.

LEVINSON, 1983. Pragmatics[M]. Cambridge:Cambridge University Press.

HALLIDAY, 1994. An Introduction to Functional Grammar [M]. London: Edward Arnold.

BROWN G, Yule G, 1983. Discourse Analysis [M]. Cambridge:Cambridge University Press.

Баранов А Н, Плунгян В А, Рахилина Е В, 1993. Путеводитель по дискурсивным словам русского языка[M]. Москва:Помовский и партнеры.

Гак В Г, 1982. Прагматика, узус и грамматика речи[M]. Москва:Иностранные языки в школе.

Киселёва и, Пайар Д, 1998. Дискурсивные слова русского языка:опыт контекстно-семантического описания[M]. Москва:Метатекст.

Кобозева И М,1991. Проблемы описания частиц в исследованиях 80-х годов[M]. Москва:ИНИОН АН СССР.

Николаева Т М, 1985. Функции частиц в высказывании[M]. Москва:Наука.

语言学习策略在日语专业八级统测备考中的运用

周 震

摘要：语言学习策略是有助于学习者构建语言体系并直接影响学习的策略。语言学习的直接策略可分为记忆策略、认知策略、弥补策略，间接策略包括元认知策略、情感策略和社交策略。本文结合日语专业八级的复习，站在语言学习策略的角度，阐明了其定义和分类，并对语言学习策略中的各项策略进行分析比较，总结出在日语专业八级统测备考复习中的学习方法。

关键词：语言学习策略；日语专业八级统测；学习方法

随着素质教育的发展，外语教学逐渐由从老师主导向以学生为中心转变。研究表明，在同样的学习环境下，学习者个人因素对学习成绩有显著的影响。怎样学习才能更有效率呢？结合日语专业八级的复习，笔者从语言学习策略的观点来探讨日语的学习方法。

一、语言学习策略的定义

每个人在学习语言的过程中，有意或无意地都会使用自己的策略，在付出相同努力的条件下，语言学习策略决定着语言学习的成败。那究竟什么是语言学习策略呢？Oxford 认为语言学习策略是"学习者为使语言学习更成功、更自主、更愉快而采取的行为或行动"，它是"使学习更为有效的学习方法，策略的使用，可以提高学习者的语言能力，促进学习者自立、自主地学习"[1]。Stern 认为，语言学习策略是指"学习者采用的思路

---

[1] OXFORD R L. Language Learning Strategies: What Every Teacher Should Know. [M]Boston, M A: Heinle & Heinle Publishers. 1990:8.

的一般趋势或总体特点"①。Rubin 认为,语言学习策略是"有助于学习者构建语言体系并直接影响学习的策略"②。伴纪子总结了前人对于学习策略的定义,认为日语的学习策略是"在日语学习过程中所采用的、有效的学习行为"③。

二、语言学习策略的分类

随着对语言学习策略研究的深入,对语言学习策略的分类也越来越系统。分类的方法有很多,其中比较常见的有 Stern 的五分法(管理和计划策略、认知策略、交际经验策略、人际策略、情感策略)、O'Malley 与 Chamot 的三分法(超认知策略、认知策略和情感策略)和 R. Oxford 的六分法。其中以 R. Oxford 的六分法最具代表性,下面将具体论述。R. Oxford 首先将学习策略分成两大部分:直接策略和间接策略。直接策略是指"与外语学习直接相关的学习策略",间接策略则指"与外语学习没有直接关系,但支持和管理学习活动的学习策略"。它们分别又各自包括三个策略,直接策略包括记忆策略、认知策略、弥补策略;间接策略包括元认知策略、情感策略和社交策略。具体见表1。

表1 学习策略分类

策略		内容
直接策略	记忆策略	建立新旧知识之间的知性联系、音型结合记忆单词、反复复习、借助记忆等
	认知策略	做练习、收集和传递信息、分析与推理、建立知识的输入输出系统等
	弥补策略	理性地推测、克服说与写的局限等
间接策略	元认知策略	自我管理、准备并制订学习计划、理性地评估学习效果等
	情感策略	舒缓学习带来的不安情绪、鼓励自己、注意掌握调整情绪等
	社交策略	提问、与他人合作学习、与母语者产生同感

资料来源:Oxford. Language Learning Strategies:What every teacher should know[M]Boston, MA:Heinle&Heinle Publishers,1990.

---

① STERN H. Fundamental Concepts of Language Teaching[M]. Oxford:Oxford University Press,1983.
② RUBIN J. Learner Strategies:Theoretical Assumptions, Research History and Typology[A]//Wenden and Rubin Learner Strategies in Language Learning[C]Englewood Cliffs, N. J.:Prentice Hall,1987.
③ 伴纪子. 日本語教育における学習ストラテジー研究事始. ネウストプニー,J. V 宮崎里司(共著)「日本語教育と日本語学習―学習ストラテジー論に向けて―」[M]. くろしお出版,1999.

三、语言学习策略的应用

在清楚了学习方法分类的基础上,我们要怎样应用这些策略呢?对每一种具体策略的应用频率和熟练程度的区别,造成了善学者和不善学者的差异。以日语专业八级考试为例,以下是在日语家园论坛上收集到的学习日语的方法,按照日语专业八级考试的题型分为"听力""词汇文法""读解""翻译作文"四大类来分析。

在"听力"部分,常见的学习方法有:A 模仿日语母语口音者说日语,B 看日语电视节目和听日文广播,C 为提高听力水平制订相应的计划,D 大量做往年的听力练习和模拟试题,E 和他人对话,F 通过前后文、语音语调来进行判断等。其中属于认知策略的有 A、B、D,属于弥补策略的是 F,属于元认知策略的是 C,属于社交策略的是 E。我们可以从中发现认知策略在听力中很少应用,原因是听力是偏向应用的一种题型,是一种交流的手段,更多的是同外界的信息交换中锻炼的能力,所以听力的分数一般是最稳定的。在这些策略中效果最显著的就是社交手段,善学者一般会积极主动地寻找和制造用日语进行交流的环境,并在这种接近自然的语言环境中进行听说读写的训练。相反,不善学者逃避这种与他人的对话与交流,"开不了口"更加深了他们的自卑感,使学习日语的压力加大,丧失了应用语言的能力,只会是恶性循环。

"词汇文法"部分的学习方法有:A 将新单词的发音和汉字表记结合起来记忆,B 使用单词记忆卡片,C 在脑海里描绘一个可能使用这个单词的场景来记忆新单词,D 对所学的单词语法反复复习,E 请日本人订正自己的错误,F 大量阅读日语文章等。其中属于认知策略的有 F,属于记忆策略的是 A、B、C、D,属于社交策略的是 E。由此可见,在这一部分的学习中大量地使用了记忆策略,说明这一部分是其他各部分的基础,更偏重于理论性。同样是使用记忆策略,善学者会使用联想的方式,如"在脑海里描绘一个可能使用这个单词的场景来记忆新单词","将新单词的发音和汉字表记结合起来记忆"等。而不善学者则采用机械的、死板的记忆方式,这样记住的单词只适合做选择题,但在实际会话中是没有选项的,从而使背的单词不能"出口",这种用不着的单词很快就会被忘却。这个问题在考试中表现得不明显,但在语言的应用中就被清楚地表现出来了。有的不善学者总觉得自己的词汇量已经很大了,可是在实际对话中却找不到自己想表达的日语。这就是认知层次的差异,即看到一个词能知道它是什么意思是第一个层次,会读是第二个层次,看到中文能想到这个单词是第三个层次,能把这个单词前后搭配用对写成完整的句子是第四个层次,造句时用法地道、符合日本人思维是第五个层次。在日语八级考试中,听力、文字、语法、读解,这些部分只需要达到第二个层次(少数需要达到第三、四个层次,但是都是有选项的,如词语搭配的考察),所以很多不善学者认为记单词就只要会读会写就可以了,容易养成这种多而不精的记单词方法。但一到翻译和写作部分,不善学者就会遇到感觉单词量不够的问题。

在"读解"部分,常见的学习方法有:A 大量阅读日文作品,以阅读为乐,B 在阅读或听别人讲话时推测接下来要讲什么,C 和别人用日语交流阅读的感受,D 大量做往年的阅读练习和模拟试题,摸清出题人思路,E 制订阅读计划等。其中属于认知策略的有 A、D,属于弥补策略的是 B,属于元认知策略的是 E,属于社交策略的是 C。读解即阅读部分是综合性最强的部分,各种策略都要用到,但其中最显著的是弥补策略的应用。在阅读中经常会出现不认识的单词,这时我们就要运用弥补策略来推测这个单词的意思,对于不重要的单词则可直接跳过;在语境中,连接词的选择也要使用弥补策略,综合上下文做出选择。所以这一部分更多是对综合能力的考查,对事物的逻辑分析能力只能在长期的积累中得到提高。

最后的"翻译作文"部分,常见的学习方法有:A 用日语写日记、书信、留言等,B 用日语的思维来思考问题,C 找日语老师修改作文,D 读中日文对照的读物 E 参加演讲比赛等日语课外活动,F 背诵好的文章转化为自己的语言等。其中属于认知策略的有 A、B、D、E,属于社交策略的是 C,属于记忆策略的是 F。写作和翻译是八级考试的难点。由于日语能力一级中没有这两个题型,所以在之前复习日语能力一级时很容易忽略写和译的练习,这就导致了写不出日语的尴尬局面。改变这一现状的唯一办法就是多背诵别人的文章,并转化为自己的东西,且平时要大量地练习,只有这样才能提高自己的写作能力。

纵观八级考试的复习方法,我们可以得到以下启示。

1. 灵活地运用记忆策略,在建立新旧知识联系时要使用发散性思维,要有情景感,同时要辅助以反复的复习来巩固学习成果。

2. 创造性地运用弥补策略,在实际会话的过程中可以大胆地借用非语言手段来保障交际的正常进行。在听力中可以通过语气、语调、上下文来推测答案。不管复习得多好,在考试中总会遇到没有复习到的地方,这时候不要慌张,可以根据自己平时的经验进行理性的推理和猜测。

3. 理性地使用元认知策略,在给自己制订计划的时候要和自己的实际水平相适应,要求过低会造成自满的心理,过高会因完不成任务而灰心丧气。理性的计划应该是比自己的实际水平稍微高一点,只要努努力就能达到的高度。同时要理性地对自己的学习成果进行评估,在学习上获得的成功会成为下一步前进的动力。

4. 积极地运用社交策略,寻找或主动制造用日语进行交流和交往的环境,在这种接近自然的环境中积极地完成各种听说读写的练习。和同学合作学习,共享资源,共同进步。

5. 最后一点，不要忽略情感策略。在阶段性的测试中难免遇到不如意，这时要学会舒缓学习带来的压力，调整自己的心态。可以向老师和同学倾诉，也可以做一些自己喜欢的事，放松一下心情。

四、结语

对于日语学习策略要从宏观上把握，更要从微观去入手。在日语专业八级的复习中，要善于运用各种语言学习策略，做一个会学者、善学者、爱学者。

参考文献

［1］伴紀子.日本語教育における学習ストラテジー研究事始。ネウストプニー、J.V 宮崎里司(共著)『日本語教育と日本語学習―学習ストラテジー論に向けて―』[M].くろしお出版,1999.

［2］OXFORD. Language Learning Strategies：What Every Teacher Should Know[M]Boston，M A：Heinle & Heinle Publishers，1990.

［3］RUBIN J. Learner Strategies：Theoretical Assumptions, Research History and Typology//Wenden and Rubin（eds）Learner Strategies in Language Learning. Englewood Cliffs,N.J.：Prentice Hall,1987.

［4］STERN. Fundamental Concepts of Language Teaching[M]. Oxford：Oxford University Press,1983.

·文学与翻译研究

《毛泽东选集》中成语俄译方法探析

盖钰龙

摘要：汉语成语是汉民族语言宝库中的精华，是汉民族智慧的结晶。收录于《毛泽东选集》中的文章使用了大量的成语。本文在陈述成语翻译的普遍6种方法后，总结了《毛泽东选集》中成语翻译的特点和技巧，指出了我们值得关注的问题，以期对成语翻译、政论文翻译都有所启发。

关键词：毛泽东选集；成语俄译；方法；文化

汉语成语体现了中国源远流长的灿烂文化，是历史的积淀、文化的表征。收录于《毛泽东选集》中的文章使用了大量的成语。这些成语，集汉语和中国文化之精髓，简洁、辛辣而不失睿智，言简意赅地传达了毛泽东主席深邃的思想。如何忠实、流畅地将这些汉语的精华译成俄语，成为《毛泽东选集》汉译俄过程中最重要、最具挑战性的任务。研究《毛泽东选集》中成语的翻译，可以通过特性研究出成语翻译的共性特点，同时能更好把握《毛泽东选集》中所蕴含的丰富中国文化向俄语的传译方法。

一、成语翻译的基本方法

在成语翻译中有6种普遍方法：对应法、套译法、直译法、意译法、注释法、略译法。

1. 对应法

当俄语中存在与所译汉语成语从含义到内部形式（形象性）完全相同的成语（等值词）时，可用对应法（использование эквивалентов），即译为含义相同、形象也一致的成语。汉俄语中的一部分成语，意思相同，所用的比喻形象也基本一致。汉语中的这类成语，自然应该译为与之相对应的俄语成语。这是最完美的翻译方法，然而这样的汉俄对应体数量有限。

一望无垠　не окинешь взглядом

心心相印　жить душа в душу

如鱼得水　как рыба в воде

浑水摸鱼　в мутной воде рыбу ловить

火上浇油　подливать масло в огонь

2. 套译法

所谓套译法,也称"借用法",就是套用一种语言里现成的成语来传译另一种语言里的成语,即译成含义相同,但形象不同的成语。汉语中有不少成语在俄语中能找到意思相同而形象不同的成语。翻译这部分成语,就可以采取"套译法"。

雨后春笋　как грибы после дождя

竹篮打水　черпать воду решетом

一箭双雕　одним ударом(убить) двух зайцев

对牛弹琴　матать бисер перед свиньями

《毛泽东选集》中的译例如下:

例1:怎么样？这不是把我们的毛病讲得<u>一针见血</u>吗？(《毛泽东选集》第三卷《反对党八股》)

Что это? Разве это не бьет по нашим недостаткам не в бровь, а в глаз?

"一针见血",比喻写文章、说话直截了当,切中要害。"не в бровь, а в глаз""不中眉毛,而中眼睛"。眼睛是心灵的窗口,与眉毛相比较而言当然重要得多。可谓正中要害。套译俄语成语,说明了切中要害的意义,传译成功。

例2:他们如果还为前途着想,他们就应该自己出来医治这个伤痕。"<u>亡羊补牢,犹未为晚</u>。"(《毛泽东选集》第二卷《为皖南事变发表的命令和谈话》)

Если они ещё думают о будущем, то должны сами взяться за лечение этой раны. Лучше поздно, чем никогда!

"亡羊补牢,犹未为晚"是个寓言故事,译者自动舍弃了文化含义,将其译成俄语成语"Лучше поздно, чем никогда",意为"晚做总比不做强",源自古罗马历史学家提图斯·李维的著作《罗马自建城以来的历史》。套译俄语成语,让读者感到十分的亲切。

3. 直译法

直译法,又称"复制法",即直接复制原文的形象,是指用译语词汇单位直接复制源语词语所言形象的译法。汉语中有很多成语在俄语中找不到相对应的成语,可以采用这种译法,优点是可以保持原文的形象、比喻、民族色彩与地方色彩。缺点是由于采取直译,容易影响读者理解原意。在采取这种方法时,要使译文合乎俄语的规范,并且能为读者所接受,不能因为保持形象而使读者"云里雾里""不知所云"而影响对原文思想内容的表达。

《毛泽东选集》中此类译例比比皆是。

例1: 世界上多少人被张伯伦及其伙伴的甜蜜演说所蒙蔽,而不知道他们<u>笑里藏刀</u>的可怕。(《毛泽东选集》第二卷《苏联利益和人类利益的一致》)

Сколько людей в мире было обмануто сладкими речами Чемберлена и его компании, не понимая, как опасны их <u>улыбки, за которыми спрятан нож</u>.

"笑里藏刀"译为"笑容后面藏着",直译其形象,俄国读者可以理解,同时丰富了俄语的词汇表达。

例2: 而这个政府又是一个十分无能的政府,一百五十万以上的大军,<u>不堪一击</u>,仅仅在两个星期的时间中,就葬送了自己的国家,使波兰人民遭受德国帝国主义的蹂躏。(《毛泽东选集》第二卷《苏联利益和人类利益的一致》)

Это правительство к тому же оказалось совершенно беспомощным, его огромная, более чем полуторамиллионная армия была <u>опрокинута одним ударом</u>; в какие-нибудь две недели это правительство погубило свою страну и выдало польский народ на растерзание германскому империализму.

"不堪一击"直译形象。"опрокинуть"意为"推翻、打破、粉碎"。"一打击就打破了"不正是"不堪一击"的意思嘛!

4. 意译法

汉语中有不少成语在俄语中没有与之相对应的成语,并且在译成俄语时,不能采取直译的方法。这类成语只能用一般的词、词组把原文的含义表达出来。这样虽然失去了成语特有的形象性和生动性,但准确而有效地传达了内容实质。

汉语中有不少成语在俄语中没有与之相对应的成语,并且在译成俄语时,不能采取直译的方法。这类成语只能用一般的词、词组把原文的含义表达出来。这样虽然失去了成语特有的形象性和生动性,但准确而有效地传达了内容实质。

例1: 中国的广大人民,尤其是农民,日益贫困化以至大批地破产,他们过着<u>饥寒交迫</u>的和毫无政治权利的生活。(《毛泽东选集》第二卷《中国革命和中国共产党》)

Народные массы Китая, в первую очередь крестьяне, изо дня в день нищают, в большом количестве разоряются, влачат голодное, бесправное существование.

"饥寒交迫",成语辞典中的解释是"饥饿与寒冷交相逼迫。形容无衣无食,生活困苦不堪"。译文"влачить какое существование",意为过着痛苦、穷困、郁郁不乐或难堪无味的生活。"голодное",意为"饥饿的",只用了一个词,并没有译出无衣的状态。通过上下文的短语来一同表明生活的困苦。这属于意译,同时又是一个创造性的意译,即通过全句中词性的运用来表达一个成语的完整意思。

例2:因此,研究任何过程,如果是存在着两个以上矛盾的复杂过程的话,就要用全力找出它的主要矛盾。捉住了这个主要矛盾,一切问题就迎刃而解了。(《毛泽东选集》第一卷《矛盾论》)

Следовательно, при изучении любого процесса, если это сложный процесс, содержащий более двух противоречий, необходимо приложить максимум усилий для отыскания главного противоречия. Определив это главное противоречие, легко решать все проблемы.

"迎刃而解"译为"легко решать",译文非常符合俄语的语言习惯,让读者感到十分流畅自然。

5. 注释法

有时为保留原文的民族色彩而又不损害原文的内涵,在综合几种方法而不得时,翻译时往往要采用直译加注释,或直译加释义的方法。我们知道,某些汉语成语的文化意义比较复杂,当上述方法不能完成所译汉语成语文化意义的传递时,可以先将其直译,然后通过注释对其进行必要的解释。

例1:扩大红军,不走由扩大地方赤卫队、地方红军到扩大主力红军的路线,而要走"招兵买马""招降纳叛"的路线。(《毛泽东选集》第一卷《关于纠正党内的错误思想》)

В стремление увеличивать численный состав Красной армии не через увеличение численности местных отрядов Красной гвардии и местных войск Красной армии, на основе чего могут расти и регулярные войска Красной армии, а путём, как говорится, «вербовки солдат и покупки коней», «привлечения на службу перебежчиков и бунтарей»

2. Идиомы китайского языка. В них говорится о методах, к которым прибегали в прошлом повстанческие отряды в Китае в целях увеличения своих сил. При этом имелся в виду лишь численный рост войск, а не качественная сторона дела. Вследствие

этого в повстанческие отряды привлекался всякий без разбору.

注释法的好处在于能够解决无法传译的文化内涵。汉语成语中包含的许多文化信息不能够通过行文中来进行传达,只有通过注释进行解释。此句中,"招兵买马"直译后并不能让读者清楚地明白这是中国的成语,是一种扩充自己军队力量的手段。但是通过注脚即达到了目的,可谓万全之法。

6. 略译法

略译,即略去不译。有的时候,在上下行文间,汉语成语的含义已经被说明了,翻译的时候,为了避免语义重复表述,因此会把成语略去不译。略去不译的成语,并不会影响原文基本信息的传递。

例1：封建时代的自给自足的自然经济基础是被破坏了;(《毛泽东选集》第二卷《中国革命和中国共产党》)

База натурального хозяйства феодальной эпохи разрушена;

自给自足,即"依靠自己的生产满足自己的需要"。此句属于略译,没有翻译出"自给自足"这个成语,只译了自然经济。据《新华词典》(2013年修订版)的解释:"自然经济,也叫自给经济、自给自足经济。不是为了交换而是为了满足生产者或一定的经济单位(如氏族、封建庄园)本身需要而生产的经济形式。与'商品经济'相对。在原始社会、奴隶社会和封建社会里占统治地位。随着生产力的发展,到封建社会末期,逐渐被商品经济所代替。"由此可见,即使略译了自给自足,也是可以理解的。因为俄国人的思维方式相对严谨,所以假使译出自给自足反而会让俄国读者觉得累赘。

二、《毛泽东选集》中成语翻译中的一些灵活处理方法

在上一节中,我们总结出成语翻译的6种方法:对应法、套译法、直译法、意译法、注释法、略译法。但是在具体的应用中一些方法并不适用。经过对《毛泽东选集》中成语翻译的考察,我们发现还有一些小的技巧可以借鉴,有一些灵活处理的方法值得我们学习。比如,运用语言手段为翻译的译文加上标记,使得读者知道这是中国的成语,即无标成语加标记的方法;再比如,有些翻译的译文原文中已加注,那么翻译的过程中就可以考虑直译其注释,即有注成语照注译;还有,同一个成语在同一文本中有不同译法,在俄文中有对应成语的仍然采用直译的方法,这就需要联系翻译的原则,注重上下行文,理解成语深层的文化含义,以求能够达到最好的翻译效果。

1. 无标成语加标记

由于中俄两国间的文化差异,其人民所具有的背景知识和统觉基础都各不相同。许多汉语成语在中国人眼中非常明显能够看出,然而翻译成俄语之后,俄国人并不知道原文中运用了成语的表达方式。因此翻译过程中就需要多加一些有标记性的词语或者符号以便特别指出成语所在。具体有以下几种处理方法:

(1) 用俄语常用插入语形式指出,如:как говорится。

例1:关门主义"为渊驱鱼,为丛驱雀",把"千千万万"和"浩浩荡荡"都赶到敌人那一边去,只博得敌人的喝采(彩)。(《毛泽东选集》第一卷《论反对日本帝国主义的策略》)

Сектантство, как говорится, 《гонит рыбу в речную глубь, а птиц в лесную чащу》, оно гонит на сторону врага многомиллионные массы, огромную армию, и это вызывает лишь восторженное одобрение врага.

как говорится, как пословица говорит 等是俄语中使用谚语和俗语时常用的插入语。用插入语形式让俄语读者知道此处使用的也是成语。

(2) 直接指明是成语或名言,如 в изречении。

例2:"兵不厌诈",就是指的这件事情。什么是不意?就是无准备。优势而无准备,不是真正的优势,也没有主动。懂得这一点,劣势而有准备之军,常可对敌举行不意的攻势,把优势者打败。(《毛泽东选集》第二卷《论持久战》)

В изречении 《 на войне не пренебрегай никакой хитростью》 речь идёт именно об этом. Что такое внезапность? Это - использование неподготовленности противника. Превосходство сил без подготовленности не является подлинным превосходством и означает отсутствие инициативы. Понимая эту истину, войска, уступающие противнику в силе, но находящиеся наготове, часто могут наносить противнику внезапные удары и разбивать того, на чьей стороне превосходство.

本例添加"изречение"作为直译"兵不厌诈"的同等成分。这就是用 изречение(名言、格言)这个词来让俄语读者明白,"на войне не пренебрегай никакой хитростью"这句话是中国的名言。

(3) 用符号等引起注意,间接指出,如:破折号——,《……》

例3:如果避免了战略的决战,"留得青山在,不愁没柴烧",虽然丧失若干土地,还有广大的回旋余地,可以促进并等候国内的进步、国际的增援和敌人的内溃,这是抗日战争的上策。(《毛泽东选集》第二卷《论持久战》)

Если мы избежим решающего стратегического сражения, то мы сохраним силы — 《был бы лес, а дрова будут》. Хотя мы и потеряем некоторую часть своей земли, но у нас ещё сохранится обширная территория для маневрирования, и мы сможем выжидать, способствуя тем временем прогрессу нашей страны, росту международной помощи и наступлению внутреннего развала в лагере противника. Это — наилучший план ведения войны против японских захватчиков.

以上是汉语成语俄译中运用加标志性词语或者符号处理的方法。

2. 同一成语不同译

在大多数人的印象中,同一个汉语成语翻译成俄语之后,仍应用同一种表达,然而笔者在研究中发现,在不同的语境中,或者说在不同的文章段落中,同一个汉语成语翻译成俄语后,其译法并不完全相同,其中既有语言技术上的处理,也有背景文化方面的考虑,其方法不一而足。那么什么类型的成语需要不同方法的技术处理呢?《毛泽东选集》中的成语翻译为我们提供了启示。

(1) 俄译后没有形成固定的俄语表达,达意即可,翻译间可以换用,如:

例1: 纵横捭阖

①因为中国的汉奸卖国贼是很多的,并且是有力量的,他们必然想出各种法子来破坏这个统一战线,用他们威迫利诱、纵横捭阖的手段来挑拨离间,用兵力来强压,来各个击破那些比较他们小的、愿意离开卖国贼而同我们联合起来打日本的力量。(《毛泽东选集》第一卷《论反对日本帝国主义的策略》)

Да потому, что предателей и изменников Родины в Китае много и они сильны; они неизбежно будут всячески изощряться, чтобы подорвать единый фронт, чтобы путём угроз и посулов, путём хитроумных манёвров спровоцировать раскол; они прибегнут к оружию, чтобы подчинить или разбить по частям те слабые по сравнению с ними силы, которые стремятся порвать с изменниками Родины и объединиться с нами для борьбы против Японии.

②没有疑义,威迫利诱、纵横捭阖的手段,日本帝国主义者和蒋介石是一定要多方使用的,我们是要十分留神的。(《毛泽东选集》第一卷《论反对日本帝国主义的策略》)

Несомненно, японские империалисты и Чан Кай-ши будут прибегать ко всяческим угрозам и посулам, к всевозможным ловким манёврам, и нам следует держаться в высшей степени настороженно.

例2：相反相成

①我们中国人常说："相反相成。"(34)就是说相反的东西有同一性。这句话是辩证法的，是违反形而上学的。"相反"就是说两个矛盾方面的互相排斥，或互相斗争。"相成"就是说在一定条件之下两个矛盾方面互相联结起来，获得了同一性。而斗争性即寓于同一性之中，没有斗争性就没有同一性。(《毛泽东选集》第一卷《矛盾论》)

Мы, китайцы, часто говорим:《Противоположны, а друг друга порождают》. Это значит, что между противоположностями существует тождество. В этих словах заключена диалектика, они идут вразрез с метафизикой.《Противоположны》означает, что противоположности исключают друг друга или противоборствуют;《друг друга порождают》означает, что в определённых условиях противоположности взаимо связаны и приходят в тождество. При этом внутри тождества протекает борьба, и без борьбы не существует тождества.

②其实一点也不矛盾，正确点说，是相反相成的。(《毛泽东选集》第二卷《抗日游击战争的战略问题》)

Говоря точнее, самопожертвование и сохранение своих сил—это противоположности, которые обусловливают друг друга.

上述两例中，所述成语翻译成俄语后，没有固定的表达方式，所以应用同一类的近义俄语词作解；对于读者的理解没有形成障碍和问题，读者一般也不会认定这是一个成语表达，因此此类成语的翻译方法比较灵活多样。

(2) 不同的语言结构，即充当句子的成分不同，一般是引起语句整体的变化，变化较大。

例3：名副其实

①因此，我们劝蒋氏将其政治字典修改一下，将"反动派"三字改为革命派三字，改得名副其实，较为妥当。(《毛泽东选集》第一卷《关于蒋介石声明的声明》)

Имея все это в виду, мы посоветовали бы г—ну Чан Кай—ши внести поправку в свой политический словарь и заменить слово《реакционеры》словом《революционеры》. Тогда вещи будут называться своими именами. Так, пожалуй, будет вернее.

②有什么办法使这种仅有书本知识的人变为名副其实的知识分子呢？(《毛泽东选集》第三卷《整顿党的作风》)

Какие же существуют способы для того, чтобы люди, обладающие лишь книжными знаниями, могли сделаться интеллигентами в полном смысле этого слова?

原因分析:①中"名副其实"在句中做谓语和补语,译后可以独立成句。而②中的"名副其实"充当"知识分子"的定语,译后也只能是附属成分。

(3) 与具体的语境语义有关。

例5:束之高阁

①然而马克思主义看重理论,正是,也仅仅是,因为它能够指导行动。如果有了正确的理论,只是把它空谈一阵,束之高阁,并不实行,那末(么),这种理论再好也是没有意义的。(《毛泽东选集》第一卷《实践论》)

Если, обретя правильную теорию, ограничиваться лишь пустыми разговорами о ней, держать её под спудом и не осуществлять на практике, то от этой теории, как бы она ни была хороша, толку не будет.

②这样,我可始终立于主动,一切敌人的"挑战书",旁人的"激将法",都应束之高阁,置之不理,丝毫也不为其所动。(《毛泽东选集》第二卷《论持久战》)

Таким образом мы сможем всегда сохранять инициативу за собой; нужно полностью игнорировать всяческие провокации врага и подстрекательства со стороны, не обращать на них никакого внимания, ни в коей мере не поддаваться им.

③为了进步,就要反对倒退,反对把三民主义和《抗战建国纲领》束之高阁。(《毛泽东选集》第二卷《必须强调团结和进步》)

Для того чтобы добиться прогресса, необходимо бороться против всего того, что тянет нас назад, против попыток положить под сукно три народных принципа и 《Программу войны Сопротивления и строительства государства》.

①③中的"束之高阁"翻译成了俄语的成语,应用套译的方法比较恰当,而在②中因后文紧接着就说了"置之不理"的意思,原文表达的也是不予理睬的含义,结合语境和上下文的关系,做出了不同的翻译处理。

(4) 语气的不同,运用的词性有变化,情态意义也不同,而情态性(модальность)表现为时间、态。

例6:言必信,行必果

①蒋氏声明中有一段是值得赞扬的,即他所说"言必信,行必果"的那一段。(《毛泽东选集》第一卷《关于蒋介石声明的声明》)

В заявлении г-на Чан Кай-ши есть место, заслуживающее одобрения, где говорится: 《Слово должно быть верным, действие должно быть решительным》. (p326)

②今后的问题是蒋氏是否不打折扣地实行他自己"言必信,行必果"的诺言,将全部

救亡条件切实兑现。(《毛泽东选集》第一卷《关于蒋介石声明的声明》)

Теперь все дело в том, выполнит ли г-н Чан Кай-ши свои обещания без всяких оговорок, будет ли его «слово верным» и «действие решительным», реализует ли он полностью все принятые им требования, выполнение которых необходимо для спасения страны.

③共产党的"言必信,行必果",十五年来全国人民早已承认。全国人民信任共产党的言行,实高出于信任国内任何党派的言行。(《毛泽东选集》第一卷《关于蒋介石声明的声明》)

За пятнадцать лет китайский народ убедился, что у Коммунистической партии «слово верно» и «действие решительно». Словам и действиям Коммунистической партии народ, несомненно, верит больше, чем словам и действиям любой другой партии в стране.

在《关于蒋介石声明的声明》一篇文章中,毛泽东用了三次"言必信,行必果",而具体翻译,皆有变化。词还是用的相同的词,只是语气有变化。①表示出了必须性,②表示出了疑问语气,③表示已经做完,过去时,用了短尾形式。

3. 对应成语不对译

翻译方法中有一个普遍适用的方法:套译,本节为与"小标题"对应称之为"对译"。即汉俄两种语言中都有相对应的成语,两者之间可以直接对应翻译。比如,前面小节所提到的套译法中所提到的成语。

雨后春笋　　как грибы после дождя

竹篮打水　　черпать воду решетом

一箭双雕　　одним ударом(убить) двух зайцев

对牛弹琴　　метать бисер перед свиньями

大多数人都认为此种方法为万全之策,恨不能所有的成语都是相对应的,然而却不知,任何民族文化积淀下来的成语都有其不同的一面,世界上两个民族间很少有完全相同的成语。定义中的相同,也只是大体相同而已。上述例证运用了套译的方法,是因为成语本身没有涉及过多的文化信息,或者说没有处在上下文语境中,所以可以直接对译。

在很多情况下,即使有传统意义上的对应成语,在《毛泽东选集》中的处理上依然愿意选用直译的方法,而非套译。对应成语不对译的例子如下:

例1:"对牛弹琴"这句话,含有讥笑对象的意思。如果我们除去这个意思,放进尊重对象的意思去,那就只剩下讥笑弹琴者这个意思了。为什么不看对象乱弹一顿呢?(《毛

泽东选集》第三卷《反对党八股》）

　　Поговорка《играть на лютне перед буйволом》выражает насмешку над тем, перед кем играют. Если же мы истолкуем эту поговорку иначе, вложив в нее уважение к тому, перед кем играют, то останется только насмешка над музыкантом: почему он бренчит, не разбираясь в том, кто его слушает?

　　本例"对牛弹琴"俄语中有对应成语，如"метать бисер перед свиньями"和"не в коня корм"，但是译者并未采用，仍然选择了直译。这与成语翻译原则领会深层含义有关。

　　例2："三个臭皮匠，合成一个诸葛亮"，这就是说，群众有伟大的创造力。中国人民中间，实在有成千成万的"诸葛亮"，每个乡村，每个市镇，都有那里的"诸葛亮"。（《毛泽东选集》第三卷《组织起来》）

　　Поговорка гласит:《Три простых сапожника стоят Чжугэ Ляна》. Это значит, что в массах таятся великие творческие силы. В китайском народе действительно имеются тысячи и десятки тысяч чжугэлянов. В каждой деревне, в каждом городке имеются свои чжугэляны.

　　Чжугэ Лян（181-234 гг. н. э.）—политический и военный деятель древнего Китая. Согласно китайским народным преданиям, он олицетворение ума и находчивости.

　　直译加注的方法能够更好地传递中国文化，虽然没有"ум хорошо, а два лучше"便捷易懂，但是在语言渗透、文化交融方面此种做法是有益的。我们不应因读者理解之难或者翻译之不便而从简从易，从而有文化蒙蔽和文化误导之嫌。

三、结语

　　本文通过对《毛泽东选集》中成语翻译的上千条例证的总结归纳，得出无标成语加标记、同一成语不同译、对应成语不对译三条浅显的规律，试图去验证翻译中自始至终必须贯彻遵守的两条原则：在上下文中翻译；不仅领会原文表层的意义，还要领会原文深层的意义。成语不是孤立翻译的，必须在上下文中才能确定成语的具体含义和各种色彩，所以"在上下文中进行翻译"是成语翻译中一条基本的原则，应该贯彻始终，贯彻各个方面。成语翻译要透过语言表层，了解和传达深层的文化含义。译者必须深谙所要交流的民族语言和文化，才能成为两种文化之间的桥梁。事实说明，离开上下文，译者寸步难行，脱离两国文化，翻译难乎其难，上下文、文化是译者准确翻译的重要法宝。

参考文献

[1] 毛泽东. 毛泽东选集:1—5卷[M]. 北京:人民出版社,1991.

[2] 武占坤. 汉语熟语通论[M]. 保定:河北大学出版社,2007.

[3] 王勤. 汉语熟语论[M]. 济南:山东教育出版社,2006.

[4] 叶芳来. 俄汉谚语俗语词典[Z]. 北京:商务印书馆,2005.

[5] 周记生. 俄汉成语词典[Z]. 武汉:湖北人民出版社,1981.

[6] 赵敏善. 俄汉语对比研究[M]. 上海:上海译文出版社,1991.

[7] Мао Цзэ-дун. Мао Цзэ-дун избранные произведения[M]. Пекин: Издательство литературы на иностранных языках, 1967.

幕末日本与西方对话中的外交口译

尹 铁

摘要：当下一些口译研究专注于口译活动本身，纯粹分析文本，忽略了口译活动的社会性特点。口译活动历来与现实的社会活动紧密相关，尤其在外交领域，口译员往往是历史的见证者甚至是创造者。本文从口译的社会作用角度出发，通过史料研究，梳理日本幕末开国前后外交对话历史事件中的口译活动，并结合重大事件，寻找口译活动背后的历史脉络，旨在探寻口译者与口译活动在日本幕末那段重要的历史拐点期所起到的历史作用。

关键词：幕末；日本外交；口译

一、引言

公元1853年7月8日，日本浦贺海域，几艘黑色的大船耀武扬威地横在海面，美国将军佩里率舰队打算凭借武力一举打开日本的国门。此时，日本几艘巡逻艇奉命前来接洽，由于听不懂彼此的语言，几个来回的交流都无果而终，最终，一个叫堀达之助的日本翻译开始用荷兰语喊话，见没有回答，又改用英语说了一句"I can speak Dutch"，[①]双方终于正式接上话，用荷兰语进行交流。这句简单生硬的英语，是日本近代化的卷首语，它出自一名口译员之口。

"黑船来航"像是一针计量特别大的兴奋剂打进了长期锁国的日本社会，使各阶层开始激动地向外张望。"黑船来航"也像一针效力神奇的催化剂，使之前缓慢发展的日本社会快速酝酿各种变革。

---

① 三谷博.黑船来航[M].张宪生,谢跃,译.北京:社会科学文献出版社,2013:91.

从崛达之助的这一句话开始,日本与西方世界开始了密切的对话,争相打开日本国门的西方国家也通过外交手段与日本政府进行频繁的接触。这其中就少不了大批像崛达之助这样的语言桥梁——口译员。

作为语言转换者的口译员的作用长期被人忽视,甚至被认为是透明的存在,根本不值得重视与研究。本文选取幕末日本开国前后外交口译这一切口,研究日本发生翻天覆地变化前夜的日本外交口译,旨在发掘口译活动和口译员在历史进程中的作用。

二、幕末日西对话的时代背景

与中国不同,同为东方儒家文化圈的日本享有美国本土般得天独厚的安全优势。作为一个群岛国家,其北部虾夷地的阿依努人文明远逊于本州岛的大和民族,不可能像中国北方游牧民族一般对南方政权扮演入侵者的角色;南部琉球群岛上的居民也从未形成过有力的中央政权;东部浩渺的太平洋形成了天然屏障;在唯一可能有威胁的西部,朝鲜半岛上的高丽民族国力也难以投射到一海之隔的日本,大陆中央政权几乎没有统治者想要占领东方这个被称为倭国的"蛮夷之地"。日本近代以前的战争大多是内战,基本没有过外敌入侵。

与英国不同,同为岛国的日本从来没有过于"大陆化",诺曼征服那样的事件在古代日本是不可想象的。最直接的原因就是,分隔日本列岛与大陆之间的朝鲜海峡宽180公里[①],而英吉利海峡最窄处仅34公里[②]。34公里的水路挡不住罗马大军的进攻,英国成为罗马文明的一部分;而180公里的海峡和"神风"一道阻挡住了蒙古人的入侵,使日本一直沿着自己的历史轨道前进。

正是独特的地理环境,特别是对古人来说过宽的朝鲜海峡,造就了日本天生的封闭性。

1. 日本的内向锁国政策

随着15世纪末欧洲大航海时代的到来,原本是自然屏障的万里海疆成为欧洲航船的快速通道。欧洲各国的船队带着不同目的来到日本。西班牙和葡萄牙船队在做商品贸易的同时,带有极强烈的传教色彩。而接踵而来的荷兰和英国则更加注重贸易交流。西方的宗教和商品在日本社会成为风潮。

基督教在九州地区广泛传播,织田信长、丰臣秀赖曾一度对基督教抱支持的态度,而

---

① 史春林,李秀英.朝鲜海峡安全问题与中国的战略对策[J].东疆学刊,2014(4):53-58.
② 何玉敏.英吉利海峡隧道[J].英语辅导(疯狂英语中学版),2003(21):25.

德川家康则是坚定的反对者,他的态度也直接影响到整个江户时期对基督教的敌视政策。幕府各处迫害基督教徒,忍无可忍的基督教徒发动了岛原起义,最终于 1638 年被血腥镇压,自此,基督教在日本几无藏身之处。

与此同时,日本人也逐渐认为贸易只是买入无用的奢侈品,对于自给自足的日本来说是没有必要的,认为贸易会使轻浮、思想浅薄的日本人感染上"夷狄的风俗",是"百害而无一利"的做法。①

对西方"舶来品"的极度反感再加上日本经济的自给自足性,使日本满足于"关起门来过日子"的太平生活。锁国论的思想在日本统治阶层中逐渐形成共识。德川幕府于宽永十年(1633)开始,连续 5 次颁布"锁国令",日本由此进入长达 220 年之久的锁国时代。在执行闭关锁国政策方面,日本比中国、朝鲜的做法要严厉得多,外国船只方面只允许没有传教行为的荷兰以及中国的船只停靠在规定的港口——长崎。而荷兰人也只能居住于远离本土的一个人工岛"出岛"上,不得自由行走于长崎的街道,更不用说日本其他地方了。

2. 西方的外向利益扩张

西方国家在打开中国市场后,逐渐把目光投向了中国的近邻日本。他们有的想垄断日本市场,有的则有领土野心,争抢着想在这块"处女地"上做第一个吃螃蟹的人。

俄国自 18 世纪占领堪察加半岛后,就一直谋求领土南扩,多次派遣探险队前往千岛群岛以及更南的虾夷地考察测量。俄国也曾多次派使节前往日本商讨建立外交关系事宜,但均被日本政府回绝。1853 年 8 月,俄远东舰队司令普提雅廷率舰队来日,意图逼迫日本开国通商,后虽因克里米亚战争导致计划夭折,但俄国对日本的领土和通商野心从来都没有消失过。

英国方面则对荷兰长期垄断对日贸易心怀怨恨,于 1808 年派军舰"费顿号"驶入长崎,以荷兰商馆的官员为人质,要求日方提供饮水、粮食等补给品。这一事件使"对外危机日益增大的日本第一次真切感受到来自西方的炮舰威胁"②。随后,英国船只也经常以补给物资为理由出现在日本近海甚至登陆,给日本政府带来了非常大的压力。

美国在与墨西哥的战争中获胜后成了一个太平洋沿岸国家,迅速发展当时获利颇丰的捕鲸业,每天都有 650 艘捕鲸船在太平洋进行捕鲸作业。③ 这些捕鲸船急需一处西北

---

① 三谷博.黑船来航[M].张宪生,谢跃,译.北京:社会科学文献出版社,2013:63.
② 刘建强.锁国时期日本对英美舰船侵入事件的反应——以《文政八年异国船驱逐令》的颁布为中心[J].西安外国语学院学报,2002,10(2).
③ BURCIN T. Commodore Perry's 1853 Japanese Expedition: How Whaling Influences the Event that Revolutionized Japan. P31.

太平洋地区的停靠点,以补充食品、淡水和煤炭。以此为基础,美国也想打开日本市场,以作为其在太平洋上的重要贸易支点。

一边是保守又内向的传统国家日本,一边是外向扩张的西方国家,激烈的矛盾对立是必然发生的结果。而身处列强环伺中的日本想要独善其身,继续走自己封闭的老路是不可能的。历史将日本带到了一个关键隘口,不管愿不愿意,日本都必须与西方国家进行交流对话,而在此过程中,口译员是必不可少的媒介。

三、对话双方口译人才情况

即使是在锁国政策执行最严格的时候,日本与西方也始终保持着不同程度的通商关系。据英国翻译萨道义记载,在幕末时代的日本,口头和书面往来交流通常都使用荷兰语,商人们之间也能懂一点对方的语言,比如马来语的"peggi"(不行)、"sarampan"(有破损),或者简单的日语单词"Anata"(你)、"Arimasu"(有货)①。他们在此基础上还自创了一种俚语,在商人中间广泛适用,但这种语言毕竟不能在外交场合使用,双方都通过各自的方式有意或无意地积蓄着外语人才。

1. 锁国政策下的日方口译人才

(1) 风说书与荷兰语人才

日本在1641年正式锁国后,出于岛国人对外界情况了解的天性和防范外敌入侵的现实需要,幕府政府要求被准许长期贸易的荷兰和中国船只必须向长崎地方政府提供书面的外界情报汇编。日文中把这种情报汇编称为"风说书"。所谓"风说",即传闻、传言、谣传②的意思。中国商船提供的被称作"唐船风说书",荷兰商船提供的则叫"荷兰风说书"。"唐船风说书"信息较为零散,且受中国国内形势的影响,内容曾一度很少;而与此同时"荷兰风说书"则逐渐由荷兰商馆馆长负责整编撰写,带有一定官方色彩,且信息较为全面准确,持续时间达184个③年份。因而,"荷兰风说书"无疑受到了当时日本社会的极大重视。

由于"荷兰风说书"为荷兰语书写,故而在锁国政策下的日本非常难得地促进了翻译事业的发展,培养出了一大批荷兰语翻译人才,并逐渐形成了制度化和体制化的特点。为保证风说书的搜集和翻译整理工作的顺利进行,幕府设计了一整套风说书役制度。专

---

① 萨道义. 明治维新亲历记(A Diplomat in Japan)[M]. 谭媛媛,译. 上海:文汇出版社,2017:9.
② 陈飞宇,田永秀. 略论日本风说书[J]. 西南交通大学学报(社会科学版),2010,11(3):120.
③ 学研陈列馆. 关于荷兰风说书 http://kids.gakken.co.jp/jiten/2/2000000460.html.

门在长崎设立了"风说定役"一职,"风说定役"的最高长官为"风说闻役",又称长崎闻番役,接受长崎奉行的领导。① 主管官员的职责之一就是挑选 10~12 岁的少年学习荷兰语,培养了大批荷兰语翻译人才。可见,当时翻译已经成为江户政府常设的机构成员。值得一提的是,翻译作为一项职业,与中国古代的"织户"一样是世袭的。据统计,长崎一带有名的翻译家族就有 40 多个,其中吉雄、小西、马田、本木四家人才辈出,被誉为四大名门。② 可见,翻译事业在当时的日本呈现出系统性的繁荣,这不仅促进了日本"兰学"的发展,还为日本与西方外交活动做了翻译人才上的准备。

(2) 漂流民与英语人才

在幕府政府严格的锁国措施下,一切日本人被禁止出国,但是政府能禁止有意的出国行为,却不能决定不可抗力造成的人口外流——海难漂流民。海难造成的漂流民是所有沿海国家都会面临的问题。虽然他们的总量非常少,但是却仍为国门紧闭的日本闪开了一道通向外界的微微缝隙。人员交流与语言学习总是相伴而行的。而日本人的好学也给西方人留下了深刻印象,连佩里将军都曾说过:"日本民众是开放的,他们喜欢新事物,热爱学习。但限于锁国的政策,这一切变得异常困难。"③好学的漂流民在异国的土地上接受浸入式的外语教育,回国后,他们必然会在日西双方交流中发挥重要作用。

日本最有名的漂流民是中滨万次郎。他 14 岁时遭遇了一次海难,并且很幸运地被美国一名船长救起,并带到美国生活了近 10 年。在美期间,他还进入了美国的学校,系统学习了西方最新的科技知识。最后历经磨难回到日本后,中滨万次郎因其出色的语言能力和系统的西学知识,受到了幕府的重用,并在佩里来航缔结《日美和亲条约》过程中发挥了重要作用。

而另一个值得一提的"漂流民"是美国人罗纳德·麦克唐纳(Ronald McDonald)。麦克唐纳青少年时期曾和几个来自日本的漂流民一起生活,对异域风情的日本充满兴趣,后谎称自己是海难漂流民来到日本。在长崎关押期间,他辅导监狱内的日本人学习英文,因此他也被认为是日本教授英文的第一人。他的学生中最著名的一个就是日后在《日美和亲条约》谈判中大放异彩的日方翻译森山荣之助。

2. 以汉语为基础的西方口译人才

近代以来,西方对东亚的认识通常集中在中国,中国庞大的市场像一块磁力强劲的

---

① 陈飞宇,田永秀. 略论日本风说书[J]. 西南交通大学学报(社会科学版),2010,11(3):120.
② 长崎市政府文化观光课. 江户时代的译者——荷兰语翻译.. http://www.mirokuya.co.jp/mlmag/archive/vol36.html.
③ PERRY M C, HAWKS F L, LILLY L. Narrative of the Expedition of an American Squadron to the China Seas and Japan, Performed in the Years 1852, 1853 and 1854[M]. New York:D. Appleton and Company.

磁铁,牢牢吸引着列强,而紧邻中国的日本则仅仅被当做太平洋航运、捕鲸的停靠点。19世纪中后期前来日本叩关的西方军舰,多来自相应的驻华舰队,佩里舰队就是如此;第一批活跃在日本外交舞台上的西方外交官也多有在华任职的经历。

由于西方大多数国家都是在认识中国以后才全面了解日本的,在他们看来,日本与中国共用一种文字符号——汉字(当时日本官方书写文字中,汉字所占的比重比当代要多很多),拥有相似的面孔,且文化上都尊崇儒教佛学,语言理应非常相近。

因此,被派往日本的译员往往会被送到中国学习一段时间的中文,再去日本履职。随佩里去日本的译员卫三畏就是在中国的传教士,有深厚的中文功底;而英国翻译萨道义在去日本之前,也在中国北京先学习了一段时间中文。但在日本的实际工作中,他们都发现了这两种语言内在的巨大差异,拥有良好中文水平的译员可能可以与日方知识分子用汉语进行"笔谈",但是想要完成外交活动中的即时口译显然非常困难。他们只能在日本从头再学习日文,萨道义在长期聘请日语老师进行刻苦学习以后,才能做到与日本人交流无碍。

由于日本长期与荷兰保持交往关系,且因风说书的翻译积累了大量荷兰语翻译,所以荷兰语成为幕末日本与西方交流的主要官方语言。然而,由于荷兰在西方世界的影响力有限,荷兰语在西方的使用度和掌握度并不是很高,于是招聘荷兰译员成为各国来日外交机构的一项任务。据萨道义回忆,当时在日本,荷兰语人才非常抢手。为了与日本人进行沟通,英国领事馆花了很大工夫找来了几名荷兰语翻译,包括三个英国人、一个开普敦的荷兰人后裔、一个瑞士人以及一个真正的"来自荷兰的荷兰人"。① 他们获得的薪酬比日文翻译的要高很多。1865 年,英国横滨领事馆的英日翻译每年薪俸为 400 磅左右,而荷日翻译年俸则为 500 磅。② 这也从一个侧面说明,当时包括萨道义在内的英国翻译的日文水平尚不足以达到交流无碍的地步。

四、对话中的日方外交口译活动特点

从历史上来看,口译员的地位非常低。古埃及的象形文字中就有"口译"的字符。在字符中,口译员的形象是一个跪在地上的形象。而法老霍伦海布陵墓中的浮雕中也有口译员的形象,浮雕中的译员弯着腰向对话的双方传递信息。如此低的社会地位,原因之

---

① 萨道义.明治维新亲历记(A Diplomat in Japan)[M].谭媛媛,译.上海:文汇出版社,2017:45.
② 萨道义.明治维新亲历记(A Diplomat in Japan)[M].谭媛媛,译.上海:文汇出版社,2017:144.

一就是他们的社会阶层通常很低,多为妇女、奴隶或出身此等社会阶层的成员。①

日本幕末的口译员地位同样低下,据萨道义回忆,日本的译员经常跪坐在官员旁边,毕恭毕敬,毫无地位可言。然而,他们发挥的作用却是无比巨大的。

1. 拖延答复政策的执行者

幕末时日本与西方的外交地位完全是不平等的。英国驻日公使帕克斯爵士曾公开声称:"最应该感谢的应该是我们的舰队司令官。若没有那堂堂的舰队作为后盾,我们又何以能够去威逼和震慑日本人呢?"②佩里在第二次来日本谈判过程中,更是赤裸裸地威胁说:"日本方面如不接受要求,美国将于20日内于日本近海以及加利福尼亚州集结一百艘军舰对日本开战。"③而此时的日本,久居太平的积弊显著暴露,海防空虚,"整个江户的大炮都没有佩里一艘舰上的多"。

在这种不平等的情况下,幕府决策层对西方的态度形成了截然不同的两派:一方以水户藩前藩主德川齐昭为代表的"攘夷派",主张应坚决抵制与外国直接交往;另一方则是占多数的避战温和派,他们认为日本海防实力根本无法与西方强大海军抗衡。在两派相持不下的情况下,日本政府决定采取最简单易行的外交策略:拖延答复。利用"将军换代""更改祖宗之法需要时间"等理由拖延西方的通商交往要求,从而争取更多的时间。在此过程中,外交翻译也为这一权宜之计做出了很大贡献。

双方在交换条约批准文书时,在日方宣称象征着"天皇已批准条约"的文件中,西方外交官经过仔细判读,却没有找到明确表示天皇准允的词语,原因是日文中没有定冠词的概念,在英文中含义大相径庭的"The treaties are sanctioned"(该条约已获批准)与"Treaties are sanctioned"(条约已获批准),在日文中没有对应的表达,形式完全相同。这一点很明显是翻译故意造成的,意在应付西方国家,玩弄文字游戏,故意使语句模糊不清。

此种问题也出现在外事交涉过程中。以英国领事与日方交涉为例,由于英方只能说英语和荷兰语,而日方也只能讲日语和荷兰语,所以交流时话语需要通过荷兰语进行二次转译,而日本官员"似乎很乐意借此制造更多麻烦,常常装作听不懂的样子,尼鲁上校不得不反复说明自己的观点……老中们在会谈中常会出现困惑不解的神情"④。这样通过翻译造成的交流困难往往可以使交涉无果而终,从而正中日本官员的下怀。

---

① 让·德利尔,朱迪斯·伍兹沃斯.历史上的译者[M].管兴忠,等译.北京:中国出版集团中译出版社,2018:366.
② 萨道义.明治维新亲历记(A Diplomat in Japan)[M].谭媛媛,译.上海:文汇出版社,2017.
③ 三谷博.黑船来航[M].张宪生,谢跃,译.北京:社会科学文献出版社,2013.
④ 萨道义.明治维新亲历记(A Diplomat in Japan)[M].谭媛媛,译.上海:文汇出版社,2017.

2. 谈判的操纵者

翻译家莫里斯-埃德加·古安德罗说："译者没有权利,只有义务。"①作为现代外事口译重要部分的谈判口译更是以准确翻译作为最重要的标准。然而在幕末的日本,不同于现在的是,那时的日本外语普及程度低,日西文化差距大,历史上经常性交流少,口译员作为唯一通晓双方语言的人,具有唯一的不可替代性,从而在许多场合成为谈判实际的操纵者。

这一特征在《日美和亲条约》谈判过程中体现得尤为明显。很多在场的日本高官都有语言问题无法与美方正常交涉,而此时,口译员充当的已经不是语言转换者的角色,转而变为直接的沟通者,以至于参加谈判的日方官员平山在后来喟叹道:"天下之大事决于象胥之口舌,其势危如累卵。虽官吏环视于四周,然难置一词。"②

在《日美和亲条约》谈判过程中,设立领事馆问题成为双方关注的焦点。日方不想与美扩大交往,更不想建立正式的外交关系,故而反对设立领事馆;而美方则想借机正式打开日本国门,坚持设立领事馆。然而就在双方在最后谈判中啃这块"硬骨头"时,日方译员森山荣之助没有把日方全权代表林大学头"想把开领事馆事留待下一步协商"这句话翻译给美方,而把美方佩里的强硬态度误译为对将来的预测传达给日方③。

《黑传来航》的作者三谷博教授认为,森山荣之助的错译行为是为了尽早结束谈判,是他个人的一次重大错误。然而笔者认为,外语造诣如此高的森山荣之助不可能因为想早些结束谈判而犯下如此重大的错误,其错译应有官方授意。原因有二:一是由于日本与美国完全处在不平等的地位上,在外交场合缺少可用的谈判砝码,所以只能利用翻译上的伎俩暂时蒙混过关,从而短时间内减小外交上的压力;二是事后幕府在明知森山荣之助翻译失误的情况下,非但没有严惩他,反而晋升了森山荣之助的职务,给予了更大的信任。森山荣之助在《日美和亲条约》签字仪式前做最后的条文准备时,进一步掌握了整个会谈的进程。据卫三畏回忆,森山荣之助针对美方提出的很多条款"不断提出异议"④,利用每一个机会反击美国人。

3. 条约的"修改者"

在幕末的日本,汉语和荷兰语是通用的外交语言。荷兰语广泛应用的原因前文已论述过,汉语则由于历史原因是当时东亚地区普遍使用的外交语言,于是,日本与西方外交

---

① 让·德利尔,朱迪斯·伍兹沃斯.历史上的译者[M].管兴忠,等译.北京:中国出版集团中译出版社,2018:181.
② 三谷博.黑船来航[M].张宪生,谢跃,译.北京:社会科学文献出版社,2013:74.
③ 三谷博.黑船来航[M].张宪生,谢跃,译.北京:社会科学文献出版社,2013:145.
④ 宫泽真一.佩里远征日本随行记(1853—1854)[Journal of S. Wells Williams: Expedition to Japan with Commodore Perry(1853—1854)][M].周国强,宫泽文雄,整理.郑州:大象出版社,2014:250.

往来,特别是订立条约的过程中往往会牵涉到4种语言:英语、日语、汉语、荷兰语。多语种的运用必然会给外事活动带来一定程度上的混乱,而日本译员正是利用这种混乱趁机"修改"条约中的内容,达到"保护"本国利益的目的。

在《日美和亲条约》谈判结束后,双方译员都开始对需要最终签署交换的条约文本进行校对确认。其涉及日美外交使用的汉文和荷兰文文本。其中,荷兰文文本由日方翻译森山荣之助和美方翻译波特曼校对,其中关于开设领事馆事项的条款是两国中只要有一方认为有必要设立即可设立;汉文文本由日方翻译松崎满太郎和美方翻译卫三畏校对,但是卫三畏没有发现其中"两国中只要有一方认为有必要"已经被换成了"开设领事馆需由两国政府一致同意"。而在随后的签字仪式上,签字时使用的日文文本是从荷兰文本翻译来的,而日方递交给美方的文本则是从汉文本翻译来的。

通过日方译员的"小动作",作为美国打开日本国门的条约《日美和亲条约》存在两个版本,他们认为修改了最后交换的条约上的文字,就能达到拒绝打开国门的目的,这无疑是掩耳盗铃的幼稚之举。后来的事实也证明,无论有什么样的文字游戏,日本国门开放已经成为历史的必然。但是,《日美和亲条约》签署时译员们为争取本国利益的努力以及在此过程中展现出的报国情怀展露无遗。

五、结语

回顾幕末日本与西方外交对话中的口译活动,笔者可以从零星的史料中看到一群鲜活的日本口译员的形象。他们承受着两个文明正式相遇时的巨大压力,虽然双方互不信任、互相猜疑,他们仍要冲向前去,用自己的语言能力架起沟通之桥。他们热爱自己的国家,想要尽自己的力量维持国家现状、维护国家利益,大多数时候他们身不由己,但他们勇于担当,大胆行动,在幕末外事交往史上留下了非常浓重的一笔。他们在历史上的作用值得研究,因为他们是历史的见证者,他们掌握着第一手资料,还因为他们是交流沟通的中间人,有时甚至是直接发言人,其行为和背后的深层原因无疑是历史的重要章节。

然而,由于口译活动稍纵即逝,具有非常强的现时性,这给研究口译活动带来了很大的难度。对口译的描述也只是零星出现在一些重大叙事的历史著作和口译者本人的回忆录中。本文的一大局限性就在于所找到的口译史实和参考资料较少,不足以全面展示幕末日本外交口译的全貌,有待以后挖掘更多的资料作进一步研究。

参考文献

[1] 陈飞宇,田永秀.略论日本风说书[J].西南交通大学学报(社会科学版),2010,11(3):119-124.

[2] 德利尔,伍兹沃斯.历史上的译者[M].管兴忠,等译.北京:中国出版集团中译出版社,2018.

[3] 宫泽真一.佩里远征日本随行记(1853—1854)[Journal of S. Wells Williams: Expedition to Japan with Commodore Perry(1853—1854)][M].周国强,宫泽文雄,整理.郑州:大象出版社,2014:250.

[4] 何玉敏.英吉利海峡隧道[J].英语辅导,2003(21):25.

[5] 刘建强.锁国时期日本对英美舰船侵入事件的反应——以《文政八年异国船驱逐令》的颁布为中心[J].西安外国语学院学报,2002,10(2):118-122.

[6] 萨道义.明治维新亲历记(A Diplomat in Japan)[M].谭媛媛,译.上海:文汇出版社,2017.

[7] 三谷博.黑船来航[M].张宪生,谢跃,译.北京:社会科学文献出版社,2013.

[8] 史春林,李秀英.朝鲜海峡安全问题与中国的战略对策[J].东疆学刊,2014(4):53-58.

[9] 张水淇.日本明治维新前史[M].南京:国立编译馆,1941.

[10] http://www.docin.com/touch_new/preview_new.do? id=453548432

[11] DRURY C M. Early American Contacts with the Japanese[J]. The Pacific Northwest Quarterly,1945,36(4):319-330.

[12] PERRY M C, HAWKS F L, LILLY L. Narrative of the Expedition of an American Squadron to the China Seas and Japan, Performed in the Years 1852, 1853 and 1854[M]. New York:D. Appleton and Company.

参考网站

[1] 学研陈列馆.关于荷兰风说书
http://kids.gakken.co.jp/jiten/2/2000000460.html

[2] 长崎市政府文化观光课.江户时代的译者——荷兰语翻译
http://www.mirokuya.co.jp/mlmag/archive/vol36.html

试析日本文化的"钝感力"及其文学表现

汤文娇

摘要: 日本人崇尚的"钝感力",是能适应各种环境,身体上和精神上都更能承受外来压力,相比较"敏感"而言更多坚持、更多执著的一种才能。这种才能不仅备受日本作家推崇,在日本文学作品对人物的塑造和刻画中经常出现,在日本社会生活的方方面面也都能找到因"钝感力"而成功的例子。可以说,"钝感力"已深入日本民族的文化传统中,是日本民族重要的特性之一。但是,"钝感力"之于日本民族性,也有双重作用,既是日本民族隐忍、奋发的原动力,也是当今日本停滞不前、缺乏创新的阻力。

关键词: 钝感力;日本文化;日本民族性

在日语中,"钝感力"是相对于"敏感"而存在的。一般而言,评价一个人"迟钝",头脑中联想到的都不会是好事。似乎"钝感"对应的就是愚笨、木讷,而"敏感"对应的才是聪明、机灵。然而,在日本作家渡边淳一笔下,"钝感力"却是一种才能,一种能让人们的才华开花结果、发扬光大的力量。(渡边淳一,2007:3)具体而言,拥有"钝感力"的人更容易适应各种环境,受外界的影响较小,所以相比较"敏感"的人多了一份坚持,也多了一点执著,从而更有可能获得成功。

1. "钝感力"之比较性优势

渡边淳一在《钝感力》一书中认为,在人际关系方面最为重要的就是钝感力。当受到上司批评,或者朋友之间意见不合,还有恋人或夫妻之间产生矛盾时,不要因为一些琐碎小事郁郁寡欢,而应该以积极开朗、从容淡定的态度对待生活。因此在生活中保持一定程度的钝感力,对于人们保持健康、和睦的生活状态乃至事业进步都有积极的作用。

1.1 "钝感力"与身体健康

《钝感力》一书中举了很多例子来证明,身体的"钝感"和精神的"钝感"有利于人的健康。

身体的"钝感"主要体现在人们感觉器官的敏感程度上,包括眼(视觉)、鼻(嗅觉)、耳(听觉)、舌(味觉)、肌肤(触觉)。这些器官过于敏感,虽然也算具有一种特殊的能力,但是会给身体带来更多的消耗,会对人产生负面影响。这其实也可以用"过犹不及"来解释,某方面的感觉太过敏感,在精神卫生方面就会产生负面影响。比如,听力特别好的人,能够听到常人无法听到的声音,这往往会带来思想无法集中的困扰,思维时常遭到扰乱。

精神的"钝感"主要有助于自律神经免受刺激或少受刺激。想要保持健康,就得让全身的血液顺畅无阻地流淌。敏感的人容易受刺激,精神波动大,自律神经随着情绪波动不断受到刺激,令人血管变窄、血压升高。而拥有"钝感力"的人,受外界影响小,高兴、舒服的时候多,紧张、烦躁、不安的时候少,自律神经不易陷入异常的刺激当中,能够让血管保持舒张状态,从而使全身的血液可以畅通无阻地流遍全身(渡边淳一,2007:21)。正如,爱操心、精神敏感的人入睡难、睡眠质量不高,睡眠不足又会造成体质下降,容易得病。而"钝感力"强的人却能在各种环境安然入睡,因此精力与体力充沛,抵抗力强,身体更健康。

1.2 "钝感力"与事业精进

工作中,"钝感力"也是不可缺少的才能。在职场中被斥责、被质疑和被嫉妒、被讽刺都是常有的事。面对和处理这些情况时,"钝感"的人明显会比"敏感"的人有优势。同样是被上司责骂,"钝感"的人能迅速改换心情,而"敏感"的人甚至回家后仍会没完没了地沉浸在个人的烦恼和思虑中。同样是面对质疑、嫉妒、讽刺,"钝感力"拥有者感知能力偏弱,神经更加粗枝大叶,对外界的置评几乎表现出一种超然,"木讷"的同时又有股倔劲儿,反而会起到意想不到的积极作用。

在事业的进步过程中,遇到挫折、失败也是常有的事,这种时候,往往也是有"钝感力"的人能在失败中学到更多,并在转折过程中取得优势。"钝感"的人遇到失败和挫折,不会动摇决心,也不会有损信心。"敏感"的人讲究变通,"钝感力"强的人却胜在坚持。这份坚持表现为不服输、锲而不舍、百折不挠和屡败屡战的恒心。对于"钝感"的人来说,凡事只要坚持,即使有时候会走弯路,终点却总是可以触及的。经历没有有用无用之分,即使弯路上的历练,也是人生的宝贵经验。同样是到达终点,历练多的人也总是更显老城,火候更足。所以在渡边淳一笔下,即使挨骂也不气馁的小 K 和在斥责声中成长的名医,最终都胜在了"钝感力"上。

1.3 "钝感力"与情感和睦

在恋爱方面,"钝感力"也是必不可缺的。特别是当男人追求女人的时候,钝感可以成为一种有力的武器。若再加上诚实,则更如虎添翼(渡边淳一,2007:69)。同理于工作中的坚持,为了组成幸福美满的家庭,拥有"钝感力"的人在追求幸福的过程中,表现也要好于"敏感"者。这主要体现在对心仪对象不屈不挠的追求上。在经受对方漫长考验的过程中,耐力是首要条件,而"钝感力"正是这种耐性的动力所在。"敏感"的人在被拒绝或被考验时往往缺乏韧性,会轻易放弃追求,而"钝感"的人则有坚韧而厚颜的精神,会通过不厌其烦的邀请和竭尽全力的追求逐渐打开对方的心扉。

相较于恋爱,组成家庭后的日子,则更需要夫妻双方的相互容忍,这种容忍的背后,非常需要"钝感力"的支持与守护。多数的夫妻,都是在相互容忍中继续生活下去的,有时争吵两句,有时改正错误,有时相互妥协(渡边淳一,2007:83)。但是不难发现,争吵的原因往往并没有道理可讲,只是由于双方的生长环境、兴趣爱好、个人教养或者价值观的不同而造成的一些生活习惯上的差异。于是此时,"钝感力"就变得十分重要了。"钝感"的人遇到家庭纠纷,既不在意,也不往心里去,而聪慧、神经敏感的人则会使烦躁和不满不断升级。

所以,拥有"钝感力",从恋爱到婚姻都十分必要,"钝感力"是幸福家庭不可或缺的助推器。

2. "钝感力"在日本文学作品中的体现

"钝感力"作为一种精神、态度,渗透在社会生活的方方面面,在日本文学作品中的表现也很突出。回顾一下日本近代名作家笔下刻画的人物,大多拥有或多或少的"钝感力"。似乎不止渡边淳一本人,包括夏目漱石、川端康成、村上春树等大作家,对"钝感力"都有所推崇。对现实有些麻木,对周边的人和事有些超然,对自身有点放任,却在某些认定的事上有近乎偏执的坚持,这几乎成了日本文学作品中人物的共性。这些有血有肉的人物在日本文学作品中闪闪发光,在表现小说本身魅力的同时也将"钝感力"这一日本文化特性展现得一览无余。

2.1 夏目漱石:《我是猫》

这部小说的新颖之处在于,以猫的视角来看世界。无论是对主人苦沙弥的辛辣讥嘲,还是对日本知识分子许多弱点的悲悯之心,评价都显得客观、真实。可以说,这些人物都是缺乏"钝感力"的,也都是拥有"钝感力"的。说他们缺乏"钝感力",是因为书中描述的主人公大多表现得缺乏行动力,遇事瞻前顾后,前怕狼后怕虎,受周围环境影响大,对旁人的置评十分在意。用"钝感力"的理论解释,就是神经过于敏感,无法过滤掉一些无用的信息,从而影响了做事的效率。其中有一段富有哲理的评价很是精辟:世人褒贬,因时因地而不同,像我的眼珠一样变化多端。我的眼珠不过忽大忽小,而人间的评说却在颠倒黑白(夏目漱石,2002:3)。猫眼中的人们被世人褒贬所左右,所影响,渐渐迷失了自我,失去自我。而说这些人又是具有"钝感力"的,则包含些反讽了。该书的写作年代正逢明治维新以后,一方面,资本主义思潮兴起,人们学习西方,寻找个性,呼唤自由;另一方面,固有的价值观和封建思想包容着陈腐、挣扎。所以书中人物本身就生活在一个矛盾的社会里。他们或选择激进的抗争、前卫的改革,或安于现状,"钝感"地随波逐流。对于书中这些老百姓,顶多算是知识分子的普通大众来说,拥有这份随波逐流的"钝感力",也未尝不是踏实过日子的动力源泉。但是,在作者夏目漱石笔下,对这两种"钝感力"的褒贬是十分明确的。作者推崇的是坚持自我,不受外界左右的"钝感力",而不是迷失自身,随波逐流的"钝感力"。

2.2 川端康成:《伊豆的舞女》

《伊豆的舞女》是为川端康成带来诺贝尔文学奖的作品。其本身的魅力自不必说,对整个文章的解读也多种多样。书中主人公是一个孤儿出身的青年学生,在伊豆这个地方孤身旅行,邂逅了天真无邪而又别具风情的年少舞女。伊豆的青山绿水和主人公之间似恋非恋的迷离情思固然值得赞颂,但书中人物表现出的那份"钝感力"也不能忽视。对于主人公来说,舞女并不是一个可以使他在爱情上得到满足的伙伴,而是一个使他感受到旅情的存在。因此,这份感情是十分脆弱的,稍不留意就会打破这份美好。而维持这份美好感觉的途径,就是拥有"钝感力"。"钝感力"的作用是排除一切干扰,坚持追随,坚持纯洁的爱慕。排除的干扰包括来自外界的影响和主人公自己内心的"邪念"。外界的干扰是客观条件,有其他人物的影响,也有行程安排上的冲突。比如,舞女的阿妈自行决定延期启程,造成了主人公的惊慌失措。又如,主人公被老太婆绊住后追赶舞女一行,爱慕舞女的意思表现得过于明显,被同行的大姑娘取笑。如果是敏感的人,或许会阵阵脸红,也许会中途放弃追随。而"钝感"的主人公却巧妙地忽视掉了这些外界干扰,继续追逐心灵的召唤,坚持完成了这场纯情的旅行。主人公自己内心的"邪念"也是终结这美好感觉的敌手,书中写道:老太婆的话,含有过于轻蔑的意思,甚至煽起了我的邪念,既然如此,今晚就让那位舞女到我房间里来吧(川端康成,2003:5)。每次这些"邪念"在主人公脑海里闪过的时候,都会被主人公的"钝感"悄悄抹去,但轻易地转移注意力或者简单地自责后,主人公又会回到对舞女单纯的爱慕这一主题上来。这也应和了《钝感力》一书中关于"钝感力"能提升恋爱能力的观点。

2.3 村上春树：《挪威的森林》

《挪威的森林》是当代作家村上春树的代表作。该书自1987年问世以来,截至2012年在日本已销售出1 500余万册。可见其中的描写与日本民众生活之贴近,也足以证明其对于日本文化的代表性。主人公"渡边"几乎浓缩了日本那一代人的特征,也几乎就是一个典型的"钝感力"代表者：平常沉默寡言,不合群,不善交际,朋友很少,但本身的独特个性很吸引人；他真实地生活在自己的天地里,很少受外界影响,不会轻易改变自己,愿意把自己真的一面原汁原味地展示给别人；心态平和,甚至博大,能对一切发生的事情冷眼旁观,也能为某个理由放下一切,大丈夫有所为有所不为。各种"钝感力"似乎都在这个人物身上有些影子。渡边的身体"钝感",醉酒后受伤浑然不觉,第二天简单包扎一下就算处理完成了,从没有过发炎、后遗症之类的担心。甚至对死亡也有一种"钝感",书中写道：死并非生的对立面,而是作为生的一部分永存(村上春树,2007:32)。正是有了这种领悟,他才能直面生死,相较无法从木月的死中走出来的直子,渡边很快就面对了现实。渡边做事、学习都有"钝感力",学校进入罢课,周围乱成一团,人们焦躁不安,他却能安静地看一整天书；面对戒烟的难题,他也能"钝感"地克服烟瘾的困扰。渡边在情感上所拥有的"钝感力"更加明显。对直子偏执的爱,无限的包容；对绿子坦诚的爱,无比的透明。无论是对矜持、晦涩的直子,还是开朗、爽直的绿子,都能看到渡边性格中平和、包容的"钝感力"。正因为如此,渡边总是惹人爱的,他自身也从中获得了足够的满足和成就。

3. "钝感力"与日本民族性

文学源于现实,而高于现实。"钝感力"之所以如此受日本作家的推崇,其本身必然集中反映了日本民族的特性。不能否认的是,无论渡边淳一《钝感力》一书中活生生的人物举例,还是各种文学作品中的人物表现,他们所描写的内容都源于现实日本社会。从中,我们也能有机会考察日本的文化特征和民族特性。《菊与刀》的作者露丝·本尼迪克特这样概括日本的民族性：日本人既好斗又和善,既尚武又有礼,既顽固又能适应,既驯顺又恼怒于被人推来推去,既忠诚又背叛,既勇敢又胆怯,既保守又好新(露丝·本尼狄克特,2007:2)。在这些极端而矛盾的特性中,我们不难发现"钝感力"的作用,或者说,"钝感力"本身就是日本民族性的重要组成部分。但是,"钝感力"之于日本民族性起到的并非完全是积极作用,有其两面性。"钝感力"使得日本社会"各就其位"而井然有序,而如今的日本老龄化趋势明显,经济常年滞涨、创新乏力,"钝感力"又使得日本社会很难有所突破,陷入"进退两难"的境地。

3.1 "钝感力"与日本社会中的"各就其位"

日本社会严重依赖于秩序和等级制,日本人对等级制的信赖是一种基本的信赖。《钝感力》一书中提到,压力大的职业,需要的正是钝感。确实,在日本等级森严,按资排辈的社会体系中,无论是公务系统还是企业,都要求每个人"各就其位"。"前辈"一词在这里分量显得相当厚重。先进入公司的人呵斥后来者是常有的事,这种行为对整个日本民族而言也是理所应当的。在各式各样前辈们的斥责声中,一边对自己的处境感到无奈,一边点点滴滴地积累经验,是每一个后来者都要承受的经历。这种来源于等级制度的压力,不同于工作强度对人身体的历练,而是精神上的压力。如果没有"钝感力",无论自尊心还是自信心都会遭到沉重的打击。如果没有"钝感力",日本社会秩序就会被打破,本来"各就其位"的各人就会焦躁、不安起来,寻求突破,寻求颠覆。反观日本社会,不但在这样森严的等级制下井然有序,而且所有人都认为自然而然,甚至以这种秩序感为骄傲,不得不说,"钝感力"已渗入日本民族的文化传统中,成为日本重要的民族特性了。

日本人的"各就其位"还表现在其语言体系上。日语中,每一个招呼、每一次接触都必须表示这种差异的种类和程度。他们在不同的场合说"吃"或"坐下"时,用的词语都不一样。在每一种情况下,都有一个不同的"你",动词则有不同的词干。笔者学习日语多年,也未能完全领悟其中规律,但日本人从小孩儿学会说话开始,就必须学会熟练地运用各种"恭敬语""自谦语"。要想在人与人之间的交谈中"各就其位",恐怕没有日本民族环境中的体验,没有长期"钝感"的适应,是很难体会到其中奥秘的。更进一步讲,语言中的"各就其位"又推广到行为中,如何恰如其分地鞠躬,如何论资排辈地安排位次,都有严格的等级感。在这里,即使感到不快,也得发挥"钝感力"的作用,遵守这套秩序,并且"钝感"地在体系中坚持、成长。

3.2 "钝感力"与日本社会中的"进退两难"

日本森严的等级制度和日本民族性的"各就其位"是一把双刃剑。

这个体系组织严密,人人尽责,执行力强。这就不难解释,为何作为二战中的战败国,日本能在一片废墟上迅速恢复生产力,在工业、制造业、金融业上蓬勃发展,在80年代完成复兴,创造属于日本的奇迹。因为在这套体系中,日本人"钝感"地接受自己的使命,不怕挫折,坚持不懈,整个国家由上而下,如臂使指,如同一部运行良好的机器,有着极强的战斗力。

但同时,这个体系也组织僵化,人人安于现状,创新力不足。90年代以来,日本经历了失去的10年,至今仍无起色。日本逐渐进入老龄社会,人口红利正在消逝,但无论是公务系统还是企业,由于人们习惯"钝感"地接受现状,坚持吃苦耐劳,坚持按部就班,结果就是劳动能力强、思维活跃、拥有创新力的年轻人大多在"各就其位"的体系底层苦熬。由于社会"钝感"的尊老机制和等级机制,往往退休赋闲在家的老人比"过劳死"的青年的年薪还高。这种"钝感"地坚持、遵从,似乎在一定程度上成了阻碍日本发展的掣肘。

于是,受日本作家们推崇的,日本民族性的重要表现"钝感力"从开始的不畏挫折、不怕失败,不为环境恶劣所影响,不为外界置评所动摇,吃苦耐劳、坚持不懈发展成了思想僵化、墨守成规、运行不畅却不求改变、不思进取。日本社会也随之陷入了"进退两难"的境地,不改变、不创新,日本就没有出路,只能"钝感"地被岁月碾磨,慢慢衰退;寻求改变、鼓励创新,又会打破现有稳固的社会体系,甚至打破日本民族长期以来形成的价值观和伦理观。

但是,无论日本是进是退,"钝感力"作为日本民族重要特性之一,必将长期存在下去,日本人民坚韧不拔、忠诚、勇敢、有礼的美德必将发扬下去,日本文学作品中刻画人物的"钝感力"也必将传承下去。

参考文献

川端康成,2003.伊豆的舞女[M].叶渭渠,译.浙江:浙江文艺出版社.
村上春树,2007.挪威的森林[M].林少华,译.上海:上海译文出版社.
渡边淳一,2007.钝感力[M].李迎跃,译.上海:上海人民出版社.
关立丹,2009.武士道与日本近现代文学[M].北京:中国社会科学出版社.
露丝·本尼迪克特,2007.菊与刀[M].北塔,译.上海:上海三联书店.
夏目漱石,2002.我是猫[M].于雷,译.江苏:译林出版社.
新渡户稻造,2007.武士道[M].周燕宏,译.上海:上海三联书店.

左琴科讽刺幽默小说探析

崔国庆 于 鑫

摘要：左琴科是苏联著名的讽刺幽默作家,他在继承俄罗斯民间文学和俄罗斯19世纪讽刺幽默文学传统的基础上,开创了苏联讽刺幽默文学的新风格。本文着重分析了左琴科讽刺幽默小说的创作思想、语言特点、作者形象和叙事角度等问题。从中可以看到,左琴科的创作无论在思想性上,还是在艺术性上都有很高的价值。

关键词：左琴科;讽刺;小说

Analysis of the Ironical Novels of M. Zoxinko

Absract: M. Zoxinko was a famous ironist of Soviet Union. He set the new fashion of soviet satire on the base of the Russian folklores and the traditions of Russian satire in the 19th century. The present thesis makes a brief introduction of the creative ideas, language characteristics, authorial figures, and narrative angles of Zoxinko's short stories. Apparently, the satire of Zoxinko has been of great value on the aspects of its thoughts and skills.

Key Words: Zoxinko; ironical; novels

一、创作思想

左琴科(М. Зощенко)是苏联著名的讽刺幽默文学大师。20世纪20、30年代,他的讽刺幽默短篇小说在苏联曾经风靡一时,甚至许多集会、演出等场合都要由人先朗诵一两篇他的小说来提起群众的兴趣。由于文学成就卓著,左琴科于1939年被授予了苏联红旗勋章。然而,他的后半生却充满了坎坷。40年代,他由于《日出之前》《猴子奇遇记》等小说而受到苏联官方的严厉批判,不但作品被禁,而且他本人也被开除出作协,最终贫病而死。

左琴科处于一个大变革的时代。当时苏维埃政权刚刚建立,左琴科对新生活充满了希望。但在十月革命之后几年期间,左琴科广泛地接触了下层普通城乡居民的生活,他参加过红军,负伤后做过民警、电话接线员、法院民事调查员以及会计等。他发现,群众的思想并没有随着革命而发生根本性的变革,普通人身上的愚昧、奴性、虚伪、贪婪以及物质和精神上的空虚让左琴科触目惊心。不但旧市侩的恶习根深蒂固,新社会中又诞生了改头换面的新市侩。此外,新社会产生的官僚主义、以权谋私、走后门、拍马屁以及对人的不尊重、人与人之间的不宽容等现象也令左琴科深恶痛绝。正因为此,左琴科决心用自己的作品来警醒世人、针砭时弊。用左琴科自己的话说,就是"用笑声点燃提灯,使人们在笑声中看到自己身上的缺点,看清是非,辨明善恶""动员各界人士当心种种弊端,并进行斗争"。

左琴科的创作思想是与十月革命之后的正统文艺导向背道而驰的。当时的文艺界有一种歧视讽刺艺术的气氛,讽刺文学几乎灭绝。许多人认为,社会主义不需要讽刺文学。而左琴科却勇敢地提出,社会主义也需要讽刺文学。当时的一些批评家称他为市侩作家,称他的作品是粗俗文学、"一钱不值的小玩意儿"。左琴科对此进行了反驳。他认为,不同体裁的艺术形式没有高低之分,每一个作家都可以从不同的角度来描写和反映社会,任何贬低讽刺文学的观点和做法都是不正确的,文学作品只有艺术形式和风格的不同,而没有高低贵贱之分。左琴科的讽刺幽默小说描写的都是一些凡人琐事,这也与当时苏联歌颂英雄人物的文艺方针相悖。40年代日丹诺夫等人正是借此对左琴科进行批判的:"左琴科这个市侩和下流家伙给自己所选择的经常主题,便是发掘生活中最卑劣的、琐碎的各方面……这是一切下流市侩作家——左琴科也在内——所特有的东西。"左琴科认为,文学与生活是密切联系的,只有从凡人琐事中才能挖掘出真正的生活。他在作品中塑造了许多可笑而又可悲的小市民、小公务员、下层知识分子,目的是揭去他们的面具,揭开他们的伤疤,让人们在笑声中反省自己,通过笑声来教育人。

左琴科善于从日常琐事中发掘题材,他塑造的人物都是建立在真实生活的基础上的,具有时代特征,典型而深刻,真实地反映了苏联社会生活的各个方面。他往往在极小的篇幅里通过白描式的寥寥几笔,就塑造出栩栩如生的人物。左琴科的小说主要讽刺了以下这些社会现象:(1)市民的市侩习气、贪小便宜、见利忘义、虚伪贪婪,比如《为革命作出的牺牲》中描写了一个旧社会的奴仆,被十月革命的军车碰了一下,脚上留下了一个小伤疤,于是到处炫耀,标榜这是为革命所做出的牺牲,试图在新社会获取好处;《卖牛奶的女人》描写了一个女人为了骗取一个守寡的牙科女医生的30卢布的酬劳,把自己的丈夫介绍给她,结果弄假成真,丈夫一去不回;(2) 国家机关工作人员的腐败作风和官僚主义、教条主义,比如《官瘾》中塑造了一个欺压人民、随意关押人的警察局长,《大自然开的玩笑》中讽刺了国家机关办事拖沓,没有效率;(3) 社会风气不正,拍马屁、走后门成风,比如《撒网》中的德拉波夫因善于拍领导的马屁而官运亨通,《去托普茨的旅行》中的主人公绞尽脑汁走后门去买火车票,几次碰壁之后才发现车票原来可以在售票处轻易买到;(4) 人与人之间不宽容、不尊重,比如《一只杯子》中的"我"在一次做客中碰坏了女主人的一只杯子,就被告上法庭,要求赔偿,《肝火太旺的人》中邻里之间为了一点小事就互不相让,大打出手;(5) 苏联产品质量的低劣以及一些公共机构的脏、乱、差,比如《请保重》中"我"因为穿劣质冰鞋滑冰而摔断了腿,《澡堂》中讽刺了公共澡堂的管理混乱,给普通市民带来了巨大的不便,《快点入睡》则描写了一个又脏又乱,地上有水洼,床上有跳蚤,还有野猫出入的旅馆;(6) 普通人身上的赌博、酗酒等恶习,比如《地震》描写了一个酒鬼在地震后的丑态,《真命苦》中一个农民节衣缩食几年终于买了一匹马,一高兴进了酒馆,结果把马拿去抵了酒资,烂醉之后醒来又一无所有了。

俄罗斯有着丰富的讽刺幽默艺术宝藏。民间口头创作中有大量幽默、风趣的题材,19世纪俄罗斯文坛上涌现出了一大批讽刺幽默艺术大师,如列斯科夫、果戈理、谢德林、契诃夫等。他们的讽刺文学极大地丰富了俄罗斯的文学形式。左琴科自觉地从这些丰富的宝藏中汲取营养,创作出了继承俄罗斯传统而又有独特风格的讽刺幽默作品。在19世纪俄罗斯讽刺文学大师中,对左琴科影响最大的是果戈理,左琴科的作品在题材、情节、艺术手法上都有果戈理的烙印。左琴科毕生都对果戈理给予了特别的关注,并且在自己和果戈理之间找到了许多共同点,包括身世、性格沉默寡言、心理敏感、严重精神抑郁,甚至潜意识中逃避女人等。左琴科在中篇小说《日出之前》中对果戈理有非常详细的描述。他自己也承认:"最初我的作品是模仿契诃夫与果戈理写的。"

果戈理的讽刺作品最突出的特色是其"含泪的笑",即对主人公嘲讽的同时又有一种深深的同情和怜悯。开始令人发笑,既而是发人深思,思索之后是悲伤。左琴科的一些作品也继承了果戈理的这一特色,给喜剧中加入了悲剧的成分。左琴科对群众身上的无知、奴性、自私市侩习气愤恨的同时也寄予了深深的同情。左琴科认为,群众身上的许多坏习气是由长期的贫穷和受压迫而造成的,因此他对笔下的人物并未一笑了之,而是在批判的同时用充满人道主义的目光去理解他们,同情他们,文中隐约可见果戈理式的"含泪的笑"。比如《贫困》中的女主人公坚持不开电灯,"宁愿摸黑过日子,也不愿意把房子照得通亮,让臭虫来笑话我寒酸";《丁香花开》中的男主人公找老婆只是为了获得一个栖身的"小狗窝",他认为有没有爱情完全是无所谓的;《肝火太旺的人》中邻里之间为了一只刷子而大动肝火。这些不都是物质生活的极大匮乏造成的人性的异化吗？这样的小说在使人笑过之后，又不得不产生深思和忧伤。

有的批评家认为左琴科的讽刺小说中只有简简单单的笑，没有什么深刻的思想内容。诚然，与果戈理、谢德林、契诃夫的讽刺作品相比，左琴科的讽刺小说往往并不具有强烈的社会批判性，这是由当时的主客观条件所决定的。从主观上讲，左琴科的主要关注点不在于社会问题，而在于道德问题。从客观上讲，当时"左"倾教条主义对文艺的粗暴干涉也使文艺界缺乏深入探讨社会问题、人性问题的氛围。这些原因决定了左琴科的讽刺小说往往只从纯道德、纯文化的角度去批判，并未看到引起人性丑恶的更深层原因，缺乏对社会性问题的深刻挖掘。但是，在当时的时代背景下，左琴科能够独树一帜，并勇于用批判的眼光去看现实，已经是很了不起的举动了。

二、语言特点

左琴科小说在语言使用上同样有很高的价值。他从步入文坛开始就重视语言的个性风格。其语言特点非常鲜明，有浓郁的生活气息，充满了俄罗斯大地的泥土气味，被称为"左琴科式的语言"。左琴科大量吸收了俄罗斯民间口头文学的精华，他在讽刺幽默作品中运用了许多滑稽、风趣的市井口语、俚语、谚语、俏皮话，同时又在一定程度上保留了用词造句的书面色彩，使语言贴近生活而又不显得太俗。因此，左琴科的作品中无论叙述者的语言还是人物的语言都风趣、机智、俏皮，比如《真命苦》中描写农民叶戈尔·伊万内奇·格洛托买马的那一段：

> 等把马端详够了，叶戈尔·伊万内奇·格洛托用脚蹭了蹭靴子里的钞票，冲着卖主挤挤眼，说：
>
> "你这马是想卖的吧？"
>
> ……
>
> 叶戈尔·伊万内奇·格洛托不住地拍自己的靴筒，有两次脱下靴子，拽出钱来，又两次把它塞回去，穿上皮靴。他对天发誓，用手抹着眼泪，说他啃了六年草，现在急等着马用。
>
> ……
>
> 叶戈尔·伊万内奇·格洛托就拉着马走了。他洋洋自得，不停地咂嘴，亲热地叫它玛鲁什卡。他穿过广场，来到广场旁的街上。这会儿他才琢磨过来，他生活里出了一桩多么大的事啊！他猛地摘下帽子，扔到地上，欢喜得手舞足蹈，使劲儿踩那顶帽子，一边又想起自己刚才讨价还价多机灵，多有主意。

......

  等兴奋劲过了点儿，叶戈尔·伊万内奇·格洛托努动胡子心里得意地笑着，向过路的人们挤眉弄眼，意思要他们瞧瞧买来的这匹牲口。可是谁都不理睬就走过去了。

  这里左琴科非常精练而又生动地刻画了一个谨慎小心，总想占点小便宜，容易满足，有些愚蠢，而又不失可爱的下层农民形象。这一形象的成功塑造是与语言使用上的生动、滑稽、风趣分不开的。

  再如《危机》中的左琴科展示了无奈的幽默：

  他说："出三十个卢布……您就住洗澡间好了。虽说没有窗子，可是有一扇门。用水再方便不过了。您要是愿意，把澡池放满水，整天泡着都成。"

  我说："亲爱的同志，我可不是鱼呀。我用不着老泡着。我想住干爽的地方。冲着潮湿，您该减两个钱吧。"

......

  洗澡间确实够阔气的。不管你往哪儿迈脚，不是大理石的澡池，就是热水管道、水龙头。不过没坐的地方，除非你坐在池子边上，那又要往下滑，一滑正好滑到大理石池子里。

......

  结果倒还不赖，娃娃天天能洗澡，压根就不感冒。

  只有一桩事不方便，每天晚上楼里的各家房客都挤到浴室来洗澡。这时候，我们全家就得蹲到走廊上去。

  这里故事讲述人用戏谑的语言描写了自己窘迫的生活。心情虽然沉重，而语言却是轻松、乐观、幽默的，令人回味无穷。细细咀嚼，又可令人感到轻松中的苦涩与忧伤。

三、作者形象

  形式主义的研究是排斥作者和作者形象的，认为小说的研究就是文本的研究，不应考虑作者的思想观点，作者的思想是文学史研究的问题，而不是文学研究的问题。这种说法固然也有一定的道理，它能保证文本研究的科学性。可是，如果完全不考虑作者因素，事实上是不可能做到的。在作品中，作者总是躲在叙事者背后，通过话语来影响读者，表达自己的观点。特别是在左琴科讽刺幽默小说这样以思想性为主的作品中，作者思想的表达是至关重要的。

苏联学者维诺格拉多夫首先提出了"作者形象"的理论,他认为作者形象就是通过叙事文本体现出来的作者的美学观与世界观。作者形象是一部作品真谛的集中体现。它囊括了人物语言的整个体系,以及人物语言同作品中的叙事者、讲述者的相互关系,它通过叙事者、讲述者而成为整个作品思想和修辞的焦点,作品整体的核心。总之,作者形象是作者在作品中的反映。是文学作品的所指,与其相应的能指就是文本。

作者对所述故事的评价态度是作者形象的一个重要方面。作家创作无不有感而发,左琴科的小说也是这样。他通过某个故事讽刺人的某种思想或触及某个社会问题,表达自己的评价态度和自己对生活、世界的理解,从而在读者面前呈现出一个自我面貌。但需要注意的是,作品中作者的评价态度与生活中作者本人的观点并不是一个层次的概念,我们研究的"作者评价态度"更为确切地说应该是作品中叙事人的评价态度。作者是站在叙事人的背后来表达观点的。

左琴科小说叙事角度的多样性,使得小说中作者观点的表达形式也具有多样性。作者有时直抒胸臆,有时委婉含蓄,有时明讽暗讽。在故事体小说中,作者的观点有时与故事讲述人是一致的,有时是站在他的反面与其对立的。作者观点的表达分为以下三种:

1. 隐含表达

这时作者观点在文中不直接出现,作者对所述事件做评价,由读者去进行是非善恶的评判。比如,《爱情》通篇并未对故事中的人物给予评价,只是描述了一件事,使我们看到了曾经海誓山盟的人在关键时刻的自私表现,是非曲直,尽在不言中。而读者自会从文中读出,作者讽刺了虚情假意的爱情骗子。再如在《狗鼻子》的结尾处:

后来怎样,我就不得而知了。是非之地,不可久留,我便赶紧溜之乎也。

故事讲述者匆匆退场,并未留下评价的语句。

2. 直接表达

在小说结尾处,作者出来以叙事人的口吻鲜明直接地表明自己的观点。左琴科的作品中这样的小说也有很多,如《犯案》的结尾处:

读者请看,社会风气不好,可真害人匪浅呀。

有时作者的观点是以故事讲述人的口吻体现出来的,如《怪事一桩》的结尾:

医生给我讲完了这个故事,叹了口气说:

"这家伙倒真能算计,想出七十戈比赖掉三千公款,逃之夭夭。可医学戳穿了这个骗局。你看,贪财会使人堕落到什么地步啊。"

3. 反语表达

作者在表达自己的观点时用反讽的修辞手法,明褒暗贬,如《一只套鞋》讽刺了国家

机关办事的教条主义、形式主义,结尾处写道:

"头一只总算找回来了。现在我把它放在五斗柜上。每当心烦的时候,只要朝这只套鞋看上一眼,就心平气和了。我心想:我们的办事机构真是堪称模范。"

有时在小说的结尾处表达的是被讽刺对象(小说主人公)的观点,这时也具有讽刺色彩,而作者的观点与此恰恰相反,如《演员》中把一出戏变成了趁机捞上一把的闹剧。作者认为恰恰是这帮人玷污了艺术,但在结尾处以故事讲述人的口吻说:

"您不是说这叫艺术吗?我们懂!我们演过!"

四、叙事角度

在叙事体裁上,俄罗斯的民间口头创作大多采用"故事体"的形式,普希金、果戈理、契诃夫等文学大师都继承了这个传统。而这一传统也同样延续到了左琴科的笔下,他的讽刺幽默小说大多有一个故事讲述者与读者直接面对,读起来就像听故事,使人感觉亲切。左琴科在故事体的运用上又有了新的突破,他的小说叙事视角更为丰富,作者观点的表达也形式多样。作者、小说叙事人、故事讲述者和故事主人公这几者的关系总是处于变化之中,他们有时是全部出现的,有时是部分出现的,有时是相互分离的,有时是彼此重合的。即使在同一篇作品之内,也往往呈现多视角、多声部的现象。

俄国形式主义者对叙事作品层次的划分通常采用两分法,即故事和情节。"故事"是按时间、因果关系排列的客观事件;"情节"是指文本,即小说叙事者对故事素材的艺术处理或形式加工。情节往往需要对事件从时间和视角上重新安排。在现代西方叙事理论中"情节"也被称为"话语"。在典型的第三人称全知叙事体中,话语来自故事讲述者客观的、无所不知的眼光,作者躲在故事讲述者背后,实际上又与之合而为一。而在左琴科的许多作品中又引入了一个故事讲述人,故事讲述者直接面对读者讲述故事,小说叙事人在他之后驾驭小说的情节(话语),作者躲到了小说叙事人的后面。我们用下图表示左琴科作品中的叙事结构:

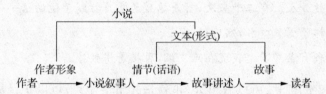

叙事体裁的区别反映在叙事角度上,也就是说,叙事人借谁的眼光来看问题。好比

摄影中的聚焦方向,同一物体可以从不同角度拍摄,从而体现出不同的特色,以达到摄影师不同的目的。小说的叙事也是这样,叙事视角的不同与故事的题材和作者的目的有关。左琴科的讽刺幽默小说有以下这些叙事角度:

1. 全视角

这一视角应用于非故事体小说中。没有故事讲述人,不采用某一个人的视角,而是以客观的、全知全能的眼光来全方位审视事物。小说叙事人与作者事实上合而为一,叙事者可以从不同的视角观察每个人的动作,记录每个人的语言,透视每个人的内心,比如《爱情》《保姆》《真命苦》《京城来的家伙》等小说。《京城来的家伙》中这样描述:

> 这几天乌沙奇村正改选村苏维埃主席。
>
> 这个村的上级党支部,从城里派来了一位韦杰尔尼科夫同志。这会儿他正站在新锯的圆木垛起的堆上,对大伙儿讲话。
>
> "公民们,当前的国际形势是十分清楚的。……"
>
> 贫协主席博布洛夫是个庄稼汉。他挨着城里来的同志,也站在圆木堆上。他挺担心城里人的话老乡听不懂,所以就自告奋勇,凑上去给大伙儿解释:
>
> "总的意思是说,……"

2. 叙事人与故事讲述人重合

1) 外视角

这种叙事方式体裁上属于故事体,有第一人称的故事讲述人的形象。小说叙事人与故事讲述人重合,都是"我",而"我"不是故事的参与者,"我"只是以一个旁观者的身份去观察整个事件,故事本身仍以第三人称展开,如《肝火太旺的人》《一根火柴》等小说。《一根火柴》中是这样描写的:

> 有人到我们这儿做了一个报告。他不是木材加工合作社的,就是火柴公司的。这我们说不清楚,他脸上没写着。
>
> 他讲得很长、很好,说得又亲切又动听。什么生产效率有了提高呀,生产朝前迈了一大步呀,商品的质量大大改进了呀……
>
> 讲得挺鼓舞人。有二十来次,听众热烈的掌声打断了他的话……
>
> 他端起杯子喝了口水,然后说:
>
> "诸位,我有点累了。我现在点支烟,再接着讲数字。"

由于有了固定的视角,所以叙事人(也就是故事讲述人)可以记录故事中人物的语言、动作,但不能透视人物的内心。

2) 内视角

此时小说中也有故事讲述人的形象,叙事人与故事讲述人也是合而为一的,都是第一人称的"我"。与上一种类型不同的是,这里的"我"就是故事的主人公或主要参与者,小说讲述"我"的遭遇。在左琴科的讽刺幽默小说中,"我"通常是一个遇上倒霉事的无辜的小市民形象,如《澡堂》《危机》《一只杯子》等小说。《危机》开头是这样描述的:

> 我呢,老兄,原来住在莫斯科,刚回来不久,亲身体验到了住房的危机。
>
> 我初到莫斯科,带着行李到处转,简直毫无办法。慢说找个落脚的地方,就连东西都没处放一放。
>
> 我拿着东西在街上转了两个礼拜,弄得脸上胡子拉碴的,东西这丢点,那丢点,全丢光了。我就空着手走街串巷,要找个住处。

3. 叙事人与故事讲述人分离

1) 外视角

小说的叙事人和故事的讲述人都出现,故事的讲述人把所经历的事情讲给小说的叙事人听。而叙述故事时仍采取第三人称的外视角,比如《怪事一桩》中是这样写的:

> 有一位内科兼儿科医生给我讲了一个稀奇古怪的事。
>
> 这医生年岁挺大,头发全白了。不知道是出了这档子怪事以后头发变白的,还是自然变白的。总之,他满头银发,嗓子沙哑,说话没精打采的。
>
> 嗓子是怎么哑的,也不清楚,是原来就这样的呢,还是后来变哑的?
>
> 不过这倒无关紧要,事情是这样的。
>
> 这位医生愁眉苦脸地坐在诊室里想心事:
>
> "现在在病人身上真赚不了几个钱。谁都想不花钱去公费医疗。没人来找私人开业的医生了。我这小诊所只好关门。"他正想着,突然门铃响了起来。

2) 内视角

小说的叙事人和故事的讲述人都出现,而故事的讲述人就是故事的主人公,采取讲述人(主人公)与叙事人交谈的形式。故事采取第一人称来叙述。这时的讲述人(主人公)通常是一个身上存在市侩习气而又没有自我觉察的小市民,如《贵族小姐》《为革命作出的牺牲》等。要注意的是,这时文中出现了两个"我",一个是叙述人叙事话语中的"我$_1$",一个是故事讲述人直接引语中的"我$_2$",如《为革命作出的牺牲》的开头:

> 叶菲姆脱下靴子,伸出脚来让我看。乍一看,没什么特别的。可要仔细一端详,

在脚掌上可以看出几道疤。

叶菲姆伤心地说:"快长好了。这也没办法,已经是第七个年头了嘛。"

"这是怎么回事?"我问他。

"你说这个吗?"叶菲姆说,"尊敬的同志,这是我在十月革命时受的伤……"

在同一篇小说中,作者有时也转换视角,比如《演员》:

这故事是件真事,发生在阿斯特拉罕,是一个业余演员讲给我听的。

下面是他讲的。

诸位,你们问我当没当过演员?我当过。在剧院里演出过,接触过这种艺术。其实全是扯淡,一点没意思。

在前两段中,叙事人与故事讲述人是分离的,对故事讲述人用"他"来称呼,而后面的故事叙事人又与讲述人合一了,使用第一人称"我"。再如《一个投机商人》中通篇采取全视角的全知叙述,没有故事讲述人的形象,而小说的结尾处故事讲述人却跳出来表明观点:

我们讲这个真实的故事,是想告诉读者,贪财的人有时倒并不怕死,关心的只是千万可别破了财。

总之,左琴科的讽刺幽默小说开创了苏联讽刺文学的新风格,是苏联文学中的一笔宝贵的财富。他的创作无论在思想内容上,还是在形式体裁上都有很高的价值。他高超的语言艺术和叙事技巧值得后人去研究和学习。

参考文献

[1] 白春仁. 文学修辞学[M]. 长春:吉林教育出版社,1993.

[2] 左琴科.左琴科幽默讽刺作品选[M]. 顾亚铃,白春仁,译.北京:外语教学与研究出版社,1981.

[3] 吕绍宗. 左琴科讽刺艺术中果戈理式的笑与泪[J]. 外国文学评论,1999(4):60-65.

[4] 申丹. 叙述学与小说文体学研究[M]. 北京:北京大学出版社,1998.

[5] 朱红素. 左琴科幽默观初探[J]. 俄罗斯文艺,1994(4):52-57.

[6] Зонщенко М. Собрание сочинений[M]. Ленинград, 1986.

俄罗斯后现代主义文学中的圣愚形象
——以《从莫斯科到佩图什基》为例

苏崇阳

摘要: 自俄罗斯接受东正教洗礼后,圣愚(юродивый)和对圣愚的崇拜现象便在民间盛行。圣愚形象出现在19世纪俄国作家们笔下,成为俄罗斯的文化符号。俄罗斯后现代主义文学伴随着20世纪末东正教热潮的回归,圣愚再次被引入文学创作之中。本文以俄罗斯后现代主义代表之作——叶罗费耶夫的《从莫斯科到佩图什基》为例,采用对比分析、印证法和分类法等,试析后现代主义语境下的圣愚形象:作品不仅对先例文本中的传统圣愚元素加以继承,同时获得了新内涵和新特征。

关键词: 圣愚;《从莫斯科到佩图什基》;俄罗斯经典文学;后现代主义

一、关于圣愚现象

圣愚这个概念最早出现于拜占庭帝国,公元988年俄罗斯从拜占庭引入东正教,圣愚现象也随之出现。"圣愚现象是东方基督教圣徒崇拜的独特形式,继承了拜占庭基督圣徒崇拜的衣钵,但却是俄罗斯宗教生活的一个独特现象。"(刘锟,2009:82)17世纪以前,俄国城镇和集市上都会有一类东正教修士出没,他们无名无姓、疯癫怪异、衣不蔽体甚至一丝不挂,四处漂泊流浪,食不果腹,风餐露宿;同时嘴里念念有词,说的全是圣经语句和对未来的预知。他们疯癫反常的行为,正契合了东正教现世准则的两个方面:自我贬抑与舍弃世俗。教会出于扩大自身权威目的,顺势将这类疯癫修士诠释为了"为了耶稣的疯癫"(юродивый ради Христа)——圣愚。他们的解释是,尽管圣愚们奇特乖戾,痴癫怪异,但他们的特立行独正是通神的方式,能聆听上帝的声音,肩负着传播上帝旨意与拯救众生的重任,将引领受苦受难者抵达至高至善的完美境界。信徒们相信圣愚有天赐的神力,能够给人预言占卜,驱魔治病,对他们进行仪式化的崇拜。教会专门有人为圣愚著书立传,俄国历史卷宗留下了许多著名的圣愚名字,沙皇阿列克谢·米哈伊洛维奇把圣愚作为近侍一起出游;红场上的标志建筑圣瓦西里大教堂就是伊凡雷帝以跟自己交往甚密的圣愚圣瓦西里(Василий Блаженный)的名字命名的。圣愚文化对于俄罗斯性格也起到了相当大的影响,"圣愚的行为规则由五组二律背反的概念构成:智慧—愚蠢,纯洁—污秽,传统—无根,温顺—强横,崇敬—嘲讽"(汤普逊,1999:26)。这些矛盾统一的特性,正好对应着俄罗斯人性格中的非理性、两面性和极端性。圣愚现象对于俄罗斯社会生活和民族文化影响颇深。

二、俄罗斯传统经典文学的圣愚特征

"圣愚现象作为俄罗斯备受推崇的宗教传统文化,也深深影响了俄国文学,向俄国文学提供了一种典型的人物形象和行为模式。圣愚作为人物的原型出现在文学中"(王志耕,2013:56)。尽管随着彼得一世的宗教改革,宗教开始为中央集权统治服务,彼得大帝不能再容忍民众对圣愚的崇拜,圣愚不再得到官方承认,被剥夺了神圣光环,在俄罗斯逐渐式微直至消亡;但它作为俄罗斯民族的群体记忆被保留了下来:对圣愚的关注与留意由俄国18、19世纪文学家们继承了下来,杨切夫斯卡娅认为,"文学中圣愚现象是由十九世纪俄国文学和文化中对于东正教的精神实质的浓厚的兴趣决定的,圣愚文学的现实意义与该时期文学家们对俄罗斯社会历史现状和今后发展之路的思量息息相关"(Янчевская,2004:21)。文学作品中出现了许多有圣愚特征的角色,圣愚式人物成了俄罗斯文学的经典群像。接下来本文将探寻传统经典文学之中圣愚的特征。

1. 宽容博爱

纵观俄国经典文学,我们能发现诸多圣愚式人物,他们甘愿牺牲自我,同情其他受苦受难的人,以一种超乎常人的仁厚与博爱对待周围的人,甚至这些人与他们素昧平生甚至为敌。陀思妥耶夫斯基笔下的许多人物就具有这种善良与大爱,例如《白痴》中的梅什金公爵和玛丽,《卡拉马佐夫兄弟》中佐西马长老,等等。小说《罪与罚》中的索尼娅家道中落,为了养家糊口被迫去当妓女。房东嫌弃她所从事的职业,不允许她住在家里。她只有偷偷每星期去租所看望弟弟妹妹,把出卖尊严得来的钱交给继母来维持他们的生活。就是在这样的生活中,索尼娅虔诚地信仰基督教,尽管从未去过教堂,但她坚信援助别人就是对自己的救赎,是对身心所受痛苦最好的解药;因此还想试图去帮助犯罪的拉斯科尼科夫,帮助他摆脱精神的折磨。在性格上索尼娅恭顺、忍让、甘愿牺牲自我,对任何侮辱责难都予以宽度和忍让。索尼娅正是作家笔下宽容博爱的圣愚化身。伊万诺夫

(В. Иванов)认为,"陀思妥耶夫斯基的圣愚角色展现出自己的道德和美学追求。正是借助这些积极的人物作者得以表达自己最重要的宗教思想"(Иванов,1994:108-109)。作家笔下的圣愚角色映射出其本人关于宗教拯救和人的自我救赎的深入思考。

2. 抗拒暴政

圣愚的言行方式是对世俗伦理的不屑一顾与抛弃,而世俗的代表性标志之一就是至上的皇权。在俄国历史上,只有这些疯癫者才能发出揭示真相的声音,他们在批判苛政强权、反对违拗人性等方面显现出来特殊的作用和意义。历史上著名的圣愚圣尼古拉(Блаженный Николай)曾将一块生肉拿给伊凡雷帝,伊凡雷帝说自己是基督徒,在斋戒日不吃肉,圣尼古拉反问道:"你不也正在喝人血吗?"他这么说是告诫皇帝不要再滥杀无辜了。"圣愚积极的一面在于他们有责骂世界的责任,揭露人间的罪恶,不受社会的礼节约束"(Панченко,1999:393)。他们舍弃了那些困扰人的权力、地位、金钱,可以完全从人的欲望之中脱离开,因而圣愚无畏于讲真理,说真话。这与俄罗斯文学中批判揭露的创作意图是不谋而合的,成了俄罗斯作家创造圣愚人物的重要原因。普希金剧作《鲍里斯·戈杜诺夫》中圣愚尼科尔卡当着所有人的面向暴君鲍里斯说道:"鲍里斯,鲍里斯,这些路上的小孩欺负我。请把他们处死,像你杀死皇太子一样。"他揭露了鲍里斯的夺权篡位与残忍杀戮。沙皇命令他跪下,尼科尔卡回答说圣母不允许自己向暴君低头。普希金笔下的尼科尔卡正是作品中良知、真理和无畏的代表,也暗含普希金自己对当时暴政君主亚历山大一世的批判。

3. 疯癫与救赎

俄罗斯文学有一种鲜明的使命感:拯救俄罗斯。俄罗斯文学始终站在宗教拯救的立场上,力图通过对每一个人的精神救赎来解决俄罗斯的民族危机问题。俄罗斯文学讨论了精神救赎的多种途径,其中包括了圣愚式自我牺牲的救赎之路。陀思妥耶夫斯基的作品《白痴》中的梅什金公爵就是这样,外表癫痴,内心却是基督化身一般的纯净博爱:他爱的是阿格利娅,但为了拯救娜斯塔西娅却选择与她结婚,哪怕娜斯塔西娅只是利用他,"我不下地狱,谁下地狱"展现出梅什金博爱到甘愿舍弃自己幸福、牺牲自我的圣愚救赎者形象。

三、后现代主义作品《从莫斯科到佩图什基》的圣愚形象

苏联后期及解体之后,俄罗斯民族的信仰面临着缺失的危机,这时候文学家、社会学家、思想家们开始了俄罗斯思想的寻根之旅,探求俄罗斯精神新的归宿与寄托。在文学

界,随着俄罗斯后现代主义蓬勃发展,圣愚文学现象在后现代主义文学中流行开来,复杂而多样,肩负了当代作家对于俄罗斯民族精神的求索任务。

韦涅季克特·叶罗费耶夫(Винедикт Ерофеев)的小说《从莫斯科到佩图什基》(Москва—Петушки)是谈到俄后现代主义文学不能不提到的作品。这是"20世纪70—90年代俄罗斯后现代主义最重要的艺术和哲学宣言"(余一中,2004:154)。《从莫斯科到佩图什基》作为俄罗斯后现代主义开山之作,确立了经典的地位。小说中的圣愚式主人公也是这个时期俄罗斯文学圣愚形象的一个缩影。

主人公韦涅季克特·叶罗费耶夫(Веничка Ерофеев)是个嗜酒如命的知识分子,刚被国有电缆厂解雇,穿着破旧短裤和散发臭气的袜子,酒气熏天地乘坐火车去离莫斯科120公里之外的佩图什基:佩图什基是他心中的乌托邦,在那里有一个朝思暮想的情人。韦涅季克特在旅途中把自己灌得酩酊大醉:自说自话,与天使对话,与上帝对话,与车厢旅客酒友高谈阔论,与撒旦交流;到了目的地以后,被一群不认识的人团团围住,被他们用锥子刺死。小说是以一个醉酒者自白口吻写的,语句显得语无伦次,逻辑混乱,却很好地造就了一个圣愚形象。

1. 《从莫斯科到佩图什基》中的传统圣愚特征

《从莫斯科到佩图什基》完美地塑造了韦涅季克特这一醉鬼形象,从他身上也可以看到许多传统圣愚的特征。

(1) 无根性

圣愚生而无根,死于无归。他们将拒绝尘世的舒适与幸福,把脱离最亲近的血缘族亲视为一种苦修,摆脱这些世俗之根,从而成为绝对精神的存在。在俄罗斯文学中,家庭往往成为限制人精神和自由的镣铐,因此,不少人物对自由的追求便是让自己成为切断亲属联系纽带的无根者。比如日瓦戈和罗亭、韦涅季克特也是如此。《从莫斯科到佩图什基》有这样一段主人公的独白:

"我喝了整整一小瓶银铃兰后,坐在那儿哭啊哭个没完。我为什么会哭呢?因为我想起了妈妈,想起了她就再也忘不了了。'妈妈。'我说。说完就哭。接着又一句:'妈妈!'——说完,又哭起来。换个比我更蠢的家伙,就会始终这么坐着哭个不停。而我呢?抓起一小瓶丁香就把它喝掉了。您想会怎么样?我眼泪没了,像个疯子一样狂笑不停,而妈妈呢——连她的名字我都想不起来了。"[①]

母亲是每个人日思夜想的最亲之人,韦涅季克特一杯酒就足以把母亲名字忘到九霄

---

① 韦涅季克特·叶罗费耶夫. 从莫斯科到佩图什基[M]. 张冰,译. 桂林:漓江出版社,2014:78.

云外,这样一个无牵无挂、处变不惊的圣愚形象,让人想起了《马太福音》中基督(耶稣)当着众人的面对其母亲呼道:"我与你有何相干,妇人。"因为耶稣是为赦免世人罪孽而化为肉身的救世主,众生平等,他的母亲也应该是普通的世人,他是以天主的姿态与母亲断绝了亲属关系,这同圣愚的无亲无故、无牵无挂相契合。

（2）流浪

圣愚的另外一个特征就是流浪。圣愚的状态就是流浪和居无定所,俄罗斯经典文学中流浪也是一个常见的要素。罗杰克和乌里在《旅行文化:旅行的转变和理论》中认为,"人、文化与文化产物永远处在交通流动之中,不同人在各种文化之间交流,而文化及其产物也不断移动、交流、旅行、融合"(Rojek et al, 1997:6)。正是旅行和迁徙带给作者灵感,笔下人物浪迹天涯才能认识更多的人物,才能发生更多跌宕起伏的情节,才能更加丰富角色的内蕴。许多经典作品中的漂泊角色都与作家自身的漂泊经历有关:普希金从小就没有感受到来自父母的爱,孤独与饱经心酸让他塑造了叶甫盖尼·奥涅金这样的漂泊者;屠格涅夫后半生都在异国他乡度过,源于个人的生活经历,他为我们塑造了一个流浪者形象——罗亭;《当代英雄》中的毕巧林,也是整日各处游荡,无所事事,这与莱蒙托夫本人长期被流放的经历不无关系。从这些人物身上都可以窥探到作家自身经历的点点滴滴。

韦涅季克特前往佩图什基的旅途,也恰似圣愚的流浪和朝圣之旅,这同样与作者叶罗费耶夫本人的经历密不可分:他生于遥远的西伯利亚,在孤儿院长大,直到30岁了仍旧独身;尽管年轻时因为出众的语言天赋被莫斯科大学录取,但由于思想问题中途辍学,一生混迹于社会底层,足迹曾遍及乌克兰、白俄罗斯直至俄罗斯的北极地区。颠沛流离之苦也让作者对于流浪者有更多感同身受的接触和理解,他笔下的韦涅季克特身上映照出俄罗斯历史上那些蹒跚远行的流浪圣愚的身影。

（3）苦修

圣愚表现出对世俗生活的彻底弃绝,包括财富、家庭、政治地位等等,甚至用来遮羞的服饰也舍弃掉,他们自愿承担人间一切苦难;他们认为,只有在肉身接受折磨与惩戒的时候,灵魂才能更为纯粹,只有痛苦才能使人领悟到与上帝的联系。苦难是俄罗斯文学中的基本元素,陀思妥耶夫斯基曾说:"我们伟大的人民就像野兽一样成长,千年期间一直经受着巨大的痛苦,世界上任何其他的民族都未必能忍受这些痛苦,但我们的人民会在这些痛苦中更加坚强,更加紧密团结。人们懂得自己的基督,因为他们在许多世纪里经历了许多痛苦,从过去一直到今天,在这种痛苦里他们始终能听到上帝的声音"(Достоевский, 1980:36)。俄罗斯文学中看到的是人民面对苦难时的痛苦、隐忍和精神完善,人正是在历经磨难后才能得到灵魂的升华,这与圣愚经受饥寒交迫、身心折磨和遭遇世俗偏见后才能得到修为是一致的。陀思妥耶夫斯基的作品《罪与罚》中就有这样的体现:拉斯科尼科夫杀死了老太婆,经历了漫长的惶恐、困惑与痛苦的煎熬,在如此地狱般的精神煎熬之后,他选择去自首,与索尼娅一起走上自我惩罚之路——流放到西伯利亚,但同时也是赎罪与解脱之旅。

而《从莫斯科到佩图什基》中韦涅季克特也同样如此,在生活中他可谓是个倒霉蛋:处处受人排挤,遭人冷眼,正如文中所说,"底下的人把我当做工贼、走狗,上面的人则认为我是一个脑子不正常的怪物。社会底层对我不待见,上流社会谈起我便不能不失笑"①;在商店里被店员误认为是来捣蛋的酒鬼,被连人带箱子一起扔到马路上;韦涅季克特把生产进度表替换成饮酒进度的个人图表,因而遭到了免职,仅仅当了5个星期的工程队突击队长就成了失业者;文中许多人对他的称呼和评价都是"孬种""傻瓜""话痨""疯子";下车之后突然遭到一群人的追杀与毒打,莫名其妙被人用锥子刺中喉咙而丧命。这一路上他还伴随着宿醉的恶心不适与无休止的呕吐的煎熬,抱着可以马上达到自己朝思暮想情人所在的鸟语花香的圣地佩图什基的幻想而甘愿忍受这一切,佩图什基就是他的期待,他的终极追求,他的伊甸园似的彼岸世界。这些都是对传统文学的圣愚受苦受难的历程的摹写和改编。

2.《从莫斯科到佩图什基》中圣愚的新特性

除开上述这些传统的圣愚特点,在《从莫斯科到佩图什基》中的当代圣愚又呈现出一些新的形式和内涵。

(1) 圣愚成为主角,与作者同名

传统经典文学中圣愚角色通常是一个脸谱化的角色人物,作家们有意突出他们宗教的虔诚性、现实中的窘迫挣扎和内心的恬静升华、对于暴戾苛政的针砭以及对于下层人民的关怀救赎,一般是作为一个次要角色,与主角有交集和联系,可以是一个精神或宗教层面的坐标。例如托尔斯泰的《童年》中,圣愚格里沙就是个次要人物,托尔斯泰细致描写了主人公幼年时在晚上观察格里沙夜晚时祷告的情景,为他成为小说主人公在宗教信仰方面的重要引路人埋下伏笔。后现代主义文学的重要特征就是圣愚角色一跃升为主角。这是由于后现代主义创作风格的怪诞与不合逻辑之风,与圣愚在说话做事上的反常与异类风格高度契合,主角戴上圣愚的面具,他们的怪异言行就最能淋漓尽致展现后现代主义文学打破常规、返璞归真的宗旨。"圣愚能将严肃的道德说教和自由游戏完美结

---

① 韦涅季克特·叶罗费耶夫. 从莫斯科到佩图什基[M]. 张冰,译. 桂林:漓江出版社,2014:44.

合,使作家避免了主观道德评价,从传统'导师'角色转向客观叙事者,实现了真正的零度写作"(李梅新,2012:154)。许多后现代主义作品都把圣愚作为文本的主角、叙事者与中心,这是后现代主义作家们在语言手段和创作视角上的另辟蹊径。

《从莫斯科到佩图什基》中主人公与作家本人同姓同名,但是却不是作者自传体小说,作者既想让读者在阅读时具有强烈的代入感、亲近感,也有意避免这个角色成为自己的化身,淡化读者的第一印象,竭力让角色独立出现在作品中。这种现象在后现代主义文学中也是非常常见的,"这种文字游戏有两个目的:保证作者的安全性和给读者更广阔的解读空间,作品需要多元化解读,作者不应该成为意义垄断的主体"(张艳杰 等,2010:141)。在用同姓同名人物拉近与读者之间距离的同时,又保持客观性与中立性,将评价主人公是非好坏的权力放交于读者。

(2) 圣愚特征的增补

如果说经典文学创作之中圣愚的特质绝大多数还来源于使徒行传和圣经传说的描写,那么后现代主义文学就是因地制宜对圣愚特征进行了增补再加工,注入了新的元素。沙罗夫《圣女》中的维拉除了圣愚特质还有浪荡的属性;萨杜尔《奇异的村姑》中的村姑还有无穷的魔力,科罗廖夫《残舌人》中的圣愚形象木木从外表看就是一个畸形人……后现代主义的作家不仅仅将圣愚形象局限于经典文学与圣经读本之中,他们紧贴时代赋予了他们更多的标签,展现出来一种时代性与迫切性,反映了近当代俄罗斯的人文风貌和思想风潮。而《从莫斯科到佩图什基》中主人公韦涅季克特就是"酒"与"圣愚"的统一体"醉酒的圣愚",酒与醉成了作家解构与颠覆官方意识形态与宗教绝对权威的工具。

在作家的笔下,酒成了俄罗斯所有男人女人赖以为生的必需品,全书提到了酒的种类多达十几种,劝酒、饮酒、醉酒都是书中不断反复出现的情景。酒相当于是他们的一种媒介,人们借助于酒进入一种狂欢式的生活,那里没有了日常生活的等级和禁令,人与人之间关系平等,不分高低贵贱,处处充满狂欢节般的笑声,用酗酒醉酒来离析崇高与权威。不仅韦涅季克特这一趟火车之旅从上车到下车都是在不停地喝酒,车厢中乘客的谈话也是三句不离酒,甚至在他们口中所有人都酗酒:果戈理、契诃夫、席勒的创作都是离不开酒的,赫尔岑只有借着酒劲才敢领导民粹运动。在小说里只有酒才能满足人们空虚的精神生活,才能把沉重的包袱扔掉,享受暂时的解脱;但同时酒又是一切坏事的导火索,甚至主人公因为醉酒最后居然稀里糊涂地与佩图什基背道而驰,烂醉如泥后阴差阳错坐回了莫斯科,并招致死亡。毫无疑问,韦涅季克特这一当代醉酒圣愚的死,不仅仅归咎于酒,更多的是社会和群体对他的冷酷无情,让他在生活中心灰意冷。酒能让他获得片刻的欢愉,却拯救不了他颓败的命运。

(3) 去神圣化和去经典化,讽刺性加强

传统圣愚对上帝是无比虔诚的,无论他们的举止多么不得体,多么放荡不羁,他们永远是最忠实的信徒;然而在后现代主义文学中,上帝都能成为当代圣愚揶揄讽刺的对象。小说中韦涅季克特具备能直接同上帝、天使、撒旦对话的能力,但他却在烂醉中邀请上帝与他同饮,语气充满了轻浮与不敬,他与同乘乘客的聊天内容往往是将《圣经》与市井街头骂人话和荤段子杂糅在一起,让宗教的神圣性和崇高性全然无存。这是后现代主义文学的一大特征:破坏那些既定的教条,为神圣化仪式化的事物进行脱冕,还原文学的本质属性,引领读者扪心自问,找寻自己的心之所往。

再者就是后现代文学中讽刺戏谑的加强。小说主人公韦涅季克特极尽调侃之能事,在时而大醉时而酒醒的情况下,将俄罗斯的经典作品进行戏仿和改编,以觥筹交错和喃喃自语的方式将它们进行脱冕解构。书中模仿了《钢铁是怎样炼成的》经典话语:"人的一生只有一次,他的一生应该这样度过,那就是不要在配方上犯错误。①"这是后现代主义中很常见的互文性手法,"俄罗斯后现代主义文学大量引用文本。其目的在于打破权威和经典,或者重新诠释经典和神圣……作家引用的文本包括世界经典作品的语句、苏联时期作品中的情节或人物甚至民间用语……在艺术手法上运用暗示、隐喻、寓意、联想、巧合、列举、跳跃等手段,创造出一个特殊文化语义场"(刘娜,2012:62)。叶罗费耶夫以醉汉的口吻揶揄官方宣扬的主流思想,打破了固定呆板的主体意识形态,将严肃性与崇高性进行了降格和世俗化,解构经典与权威,给圣愚形象染上了更多自由主义的色彩。

(4) 作家对圣愚角色态度的转变

正如前面所讲到的,圣愚的蔑视权力、追求永恒真理与拯救苍生,与俄罗斯作家的那种天生使命感不谋而合。19 世纪文学中的圣愚形象大都受到作家的青睐和肯定:普希金刻画圣愚人物是他对于暴政的控诉和对人人自由平等的追寻,陀思妥耶夫斯基作品中的圣愚式人物是作家本人宗教精神的寄托,托尔斯泰笔下的圣愚角色反映的是他对博爱救世的苦苦思索。他们身上展现出的不畏强权、忍辱负重、仁爱深邃为文学家所称道,他们的疯疯癫癫与粗俗无礼等消极特征都被轻描淡写或者直接理解为高度的虔诚与纯粹。

但后现代主义文学中的圣愚形象却没有被作家们褒扬,有时甚至沦为了他们嘲讽的对象。韦涅季克特深夜被人钉死在路上,这样的死法讽刺性模仿了基督被钉在了十字架上;但是对于他的死,上帝保持沉默,天使们在嘲笑,认为他是罪有应得:因为之前他说了和做了太多对上帝亵渎不敬的事,他的死就是因为违背天意,被上帝判了死刑。"从那以

---

① ③韦涅季克特·叶罗费耶夫.从莫斯科到佩图什基[M].张冰,译.桂林:漓江出版社,2014:78.

后,我就再也没有恢复知觉,并且永远也不会醒来了。①"作者以一种轻描淡写的独白口吻让小说戛然而止,读者甚至感受不到死亡的沉重和哀伤情绪,甚至可能还为一个满口胡诌、口若悬河的醉鬼终于闭上嘴而感到轻松。

结语

后现当代主义作家的创作不再拘泥于主导意识的桎梏以内,他们试图通过自己的笔墨把俄罗斯文学文化回归到其本来的面目:本真的内容,多元化的思想。在此背景下圣愚成了他们创作的着力点。圣愚现象是俄罗斯文化的一个重要组成部分,对俄罗斯民族的心智与性格影响极深;文学深受文化的影响,俄罗斯文学历来就有吸纳引入宗教中圣愚情节和人物角色圣愚化的传统。以《从莫斯科到佩图什基》为例,后现代主义文学对于圣愚形象一方面是对传统经典文学中圣愚形象一个线性的继承,将他们的无根、流浪、苦修等特征一脉相承;另一方面又解构圣愚形象,将圣愚与自己的文本构建有机结合,将圣愚置于情节的中心,将其特征多样化,淡化崇高神圣性,增强荒诞戏谑性。圣愚角色的背后是当代作家对于俄罗斯民族新的思索,隐藏着他们对于俄罗斯社会文化、伦理道德和精神世界的诸多思考。《从莫斯科到佩图什基》中韦涅季克特这样一个醉酒疯癫的新圣愚形象,寄予了作者的心声:在苏联大厦将倾之际,对尖锐社会历史问题的剖析与反思,对人性的回归的呼吁与期盼,对俄罗斯民族前途和命运的发问与探寻。圣愚形象创作毫无疑问是研究后现代主义文学和俄罗斯社会民族转型期精神实质的完美切入点。

参考文献

刘锟,2009.东正教精神与俄罗斯文学[M].北京:人民文学出版社.

刘娜,2012.俄罗斯后现代主义文学艺术风格浅析[D].沈阳:辽宁大学.

李新梅,2012.俄罗斯后现代主义文学中的圣愚现象及其文化意蕴[J].当代外国文学,033(1):149-155.

汤普逊,1999.理解俄国:俄国文化中的圣愚[M].杨德友,译.上海:学林出版社.

韦涅季克特·叶罗费耶夫,2014.从莫斯科到佩图什基[M].张冰,译.桂林:漓江出版社.

---

① 韦涅季克特·叶罗菲耶夫. 张冰 译. 从莫斯科到佩图什基[M].桂林:漓江出版社.2014.208

王志耕,2013.圣愚之维:俄罗斯文学经典的一种文化阐释[M].北京:北京大学出版社.

余一中,2004.韦涅季克特·叶罗菲耶夫和他的小说《从莫斯科到佩图什基》[J].当代外国文学(4):153-157.

张艳杰,赵伟,2010.俄罗斯后现代主义文学特征探析[J].外语学刊(4):139-142.

ROJEK C, URRY J, 1997. Touring Cultures: Transformations of Travel and Theory[M]. London: Routledge.

Достоевский Ф М, 1980. Дневник писателя[M]. Л: Наука,.

Панченко А М, 1999. Юродивые на Руси [А]//Русская история и культура: работы разных лет. СПб.: Юна, С392-407.

Иванов В В, 1994. Юродский жест в поэтике Достоевского [А]//Русская литература и культура нового времени. СПб.: Наука, С108-133.

Янчевская К А, 2004. Юродство в русской литературе II половины XIX в.: Автореф. дис... канд. филол. наук. [D]. Барнаул: Алт. гос. ун-т.

· 历史与国情研究

第二次遣隋使所引发的"国书事件"之我见

王哲春

摘要：公元607年，第二次遣隋使递交的国书因为措辞差点引发严重的外交后果。这究竟是日本执政者谋求与中国平等外交的蓄意试探，还是日本早期外交上的严重失误，引起了后世学者广泛讨论。本文站在当时东亚政治格局的时代背景以及日本社会所处的历史发展阶段的角度，试图从横向和纵向进行深入剖析，阐明该事件当属日本早期外交的重大失误，但同时也反映了日本社会处于古代统一国家的形成期，日本人的国家意识正在觉醒的社会现实。

关键词：遣隋使；国书事件；外交失误；国家意识

中日两国作为一衣带水的邻国，具有2000多年的友好交往历史，而遣隋、遣唐使绝对是其中浓墨重彩的一笔。自公元7世纪初到公元9世纪末的近300年内，日本先后十几回派出官方使节团不远千里渡海越洋来到中国，为两国的文化交流和友好往来作出了巨大贡献。考虑到当时的航海技术所带来的巨大风险和成本，令人在感慨和震撼的同时，不免对当时的日本为何不惜承担如此沉重的代价遣使来华产生巨大疑问。在其背后必然隐藏着深层次的政治动因，而解开这一谜题对于我们理解当时日本的内政外交及其发展的整体脉络具有重要的参考意义。

相对于遣唐使，国人对于遣隋使知之甚少，学术界对于这方面的重视度也远低于对遣唐使的研究。事实上，在当时的日本看来，遣唐使是遣隋使的延续，两者是一以贯之的外交政策，这从《日本书纪》并未将遣隋使和遣唐使作区分，而是统一作为遣唐使记载这一点可以得到印证。因此，本文试图从遣隋使入手，结合日本当时的内政外交现状，对日本派遣遣隋使背后的深层政治动因进行粗浅的分析和探讨。

一、"国书事件"始末

公元607年,日本派出了第二批遣隋使,这在《隋书》和《日本书纪》中均有记载。《日本书纪》中的记载较为简略,只说"秋七月戊申朔庚戌,大礼小野臣妹子遣于大唐,以鞍作福利为通事"。而《隋书》则记载了由日本使者提交的国书而引发的一场风波。

日使小野妹子提交的国书首句为"日出处天子致书日没处天子无恙耶"。隋炀帝"览之不悦",认为一个蛮夷小国竟敢如此用词僭越,措辞不逊,便吩咐负责外事接待的鸿胪卿"蛮夷书有无礼者,勿复以闻"。不过,之后日使再三解释,称日本人粗学汉字,不善文章辞令。最终才得到隋炀帝谅解,并"遣裴世清等十三人"为答礼使,取道朝鲜半岛西南的百济回访日本,以示泱泱大国的恢宏气度。

这便是所谓的"国书事件"。

二、关于"国书事件"的争议

那么,日本为何要提交这样一封易引发争议的国书呢?是无心之失,还是有意为之?围绕这一问题,学术界出现了截然相反的两种意见。

一部分学者尤其是日本的学者普遍认为"日出处"与"日没处"相对,且同用"天子"称呼双方的最高统治者,完全是一种对等的姿态,体现了当时的日本执政者谋求与中国平等外交的愿望。且"日出处"与"日没处"出自佛经,意为"东方"和"西方",表明日本希望借助佛教理念,冲破当时建立在中国传统儒家思想所倡导的华夷体系基础上的东亚国际政治秩序。其重要证据是,尽管这封国书引起隋炀帝震怒,并差点造成严重的外交后果,但在公元608年第三次遣隋使递交的国书中,日本执政者依然使用"东天皇敬白西皇帝"为首句,以"天皇"对"皇帝",依然是对等称谓。这充分说明了所谓"国书事件"绝非无心之失,而是处心积虑、用心良苦的外交试探。

另一种观点却认为这是日本早期外交的一个重大失误,所谓的"谋求平等外交"只不过是后世学者的一厢情愿。因为倭王在接见随小野妹子回日本的答礼使裴世清时说:"我闻海西有大隋礼仪之国,故遣朝贡。我夷人,偏在海隅,不闻礼义,冀闻大国惟新之化。"这完全是低姿态,何来平等外交一说?至于"东天皇敬白西皇帝"的记载出自《日本书纪》,而在记录日本与隋、唐、宋、元以及朝鲜半岛三国之间国书往来的《异国牒状记》中,该国书的记载为"东天王敬白西皇帝"。据考证,"天皇"这一称谓应出现在7世纪中叶以后,因而《日本书纪》中的记载很可能为后世篡改。"王"比"帝"低一级,可以将其看做是日本执政者为了消除上一封国书的消极影响而在称谓上自降了一等身份。因此,所谓"国书事件"是日本执政者意欲谋求与中国平等外交的深谋远虑一说不能成立。

三、"国书事件"之我见

对于日本谋求与中国平等外交的观点,笔者认为过于理想化。事实上,外交是关系国家命运的大事,因此它必须立足现实,且不能不计后果。

从现实来看,隋统一南北,结束了中国长达400多年的动乱。之后,隋文帝整顿内政外交,国力逐渐充实。到隋炀帝在位时,一个强大的隋帝国出现在东亚大陆上,它无论在政治、经济、军事、文化等各方面都达到了前所未有的新高度。对此,地处海岛一隅的日本为之叹曰:"天地所搜载,日月所照临,四海万国,生类千种,殊风异俗,不可遍举悉识,唯文轨之所通,载籍之所存,其国最大者为隋,地广人多,自上古圣贤之君,以道德仁义,化导其民,典章制度大备。下及近古而其礼仪文物,人才财用,亦非诸国之比。"与此同时,隋炀帝也力图扬威远藩,派遣使臣去招抚诸国,一时来隋朝贡者达30余国。第二次遣隋使正是在这样的背景下抵达隋都洛阳的。

关于当时的日本与隋帝国之间的差距,我们可以从公元600年隋文帝接见第一次遣隋使时的情景中管窥一斑。据《隋书·东夷传·倭国传》记载,"开皇二十年,倭王姓阿每,字多利思北孤,号阿辈鸡弥,遣使诣阙。上令所司访其风俗。使者言倭王以天为兄,以日为弟,天未明时出听政,跏趺坐,日出便停理务,云委我弟。高祖曰:'此太无义理。'于是训令改之。"尽管此后在第二次遣隋使来华之前的7年之中,圣德太子先后制定了《冠位十二阶》和《宪法十七条》,在日本大力推进文化教化和各项社会改革,使日本社会在各方面发生了天翻地覆的变化,但这远远不足以弥补日本和隋王朝之间的巨大差距。

在这样的大背景下,日本统治者无视中日两国之间的巨大差距而谋求两国平等外交,这显然是不现实的。况且,在汉语语境中,"日出处"和"日没处"还含有"如旭日东升一般朝气蓬勃"以及"似日薄西山那样暮气沉沉"的语义色彩,因而被他国称作"日没处天子",即便是岌岌可危的末代王朝都无法接受,更何况国力蒸蒸日上的大隋帝国。如果真如某些日本学者所说的那样,当时的日本统治者选择这种称谓是经过深思熟虑后作出的外交试探,那这种外交试探所包含的政治风险实在太大,笔者相信能够留名千古的圣德太子绝不会做这种蠢事。

因此,笔者认为这只能看作是日本早期外交中的一次重大失误。当时的日本统治者只看到了"日出处"和"日没处"出自佛教经典,试图通过佛经语言来取悦笃信佛教甚至不惜亲自皈依的隋炀帝,以此来增加两国的亲近感。但他们忽视了"日出处"和"日没处"在汉语语境中的语义色彩,更没有认清皈依佛教的隋炀帝在处理外交关系上依然固守中国传统的华夷思想的事实,因而注定了这封国书必然会引起隋炀帝震怒的结局。

然而,如果站在中日两国交往史的角度进行纵向审视,那么仅仅将之视为愚蠢的外交失误,似乎又过于简单草率。因为在公元608年第三次遣隋使递交的国书中,日本执政者依然使用"东天王敬白西皇帝"作为首句。两相比较,除了措辞变得恭敬之外,其想要表达的实际含义并没有本质区别。在前一封国书差点造成严重后果的背景下,日本执政者执意使用相同的表达方式,显然是想表明自己的某种态度。事实上,这一次日本的对华态度与以往相比确实有天壤之别。

根据史书记载,在遣隋使之前中日之间的交往出现过三个高峰期。

第一个高峰期出现在汉代。《汉书》和《后汉书》对此都有记载,尤其是在《后汉书·东夷列传》中记载了汉光武帝在位期间,"倭奴国贡朝贺,使人自称大夫",并得到光武帝"赐以绶印"。1784年在日本福冈市志贺岛发现了"汉委(倭)奴国王"的金印,证明了这种交往确实存在。

第二个高峰期在三国时期。《三国志·魏书·倭人传》记载了日本列岛的一个地域政治联盟邪马台国自公元239年至247年与魏之间的5次交往,特别是在第一次交往中,魏帝授予邪马台国女王卑弥呼"亲魏倭王"的称号,并赐予"金印紫绶"。

第三个高峰期出现在公元5世纪。《宋书·倭国传》中记载了作为大和政权的统治者倭五王自公元421年至公元478年先后10多次向南朝的宋帝朝贡请封的过程。宋帝先后授予五王"安东将军、倭国王"或"使持节、都督倭、新罗、任那、加罗、秦韩、慕韩六国诸军事、安东将军、倭国王"。

从上述三个高峰期中日交往的具体过程来看,在遣隋使之前,日本在对华外交中始终以臣属或附庸的身份自居,并十分乐意接受中国政权的册封。而遣隋使来华的这段时期,日本执政者不愿再以臣属或附庸的身份出现,他们强烈地希望日本能作为一个独立的国家与隋帝国开展外交关系。而两封国书中的称谓正是这种意愿的体现。

这种变化的产生,实际上与日本社会的历史进程息息相关。公元1世纪前后,在日本列岛上出现了百余个小国,它们在长期的相互竞争中不断兼并联合。从公元4世纪起,大和王权在与其他小国的角逐中逐渐确立起自己的竞争优势。到公元6世纪,日本基本形成了以大和王权为中心的统一国家。随着古代统一国家的形成,日本人的国家意识也在逐渐觉醒。而遣隋使发生的年代,恰好就处在这个时期。因此,日本执政者在此期间所表现出来的对华态度,正是日本民族已然觉醒的国家意识在外交领域的体现。

结语

外交是关系国家命运的大事,它必须立足现实,不能不计后果。因此,笔者认为,从现实的角度来看,差点造成严重外交后果的所谓"国书事件"并非日本执政者为了谋求与中国平等外交而做出的蓄意试探。崇奉佛教的日本执政者之所以选择"日出处天子"与"日没处天子"这一说法,很可能是希望借用佛经用语拉近与同样笃信佛教的隋炀帝之间的关系。然而,他们忽略了"日出处"与"日没处"在汉语语境中的语义色彩,也没有认清隋炀帝在处理外交关系上固守中国传统华夷思想的现实。因此,所谓的"国书事件"应该说是日本早期外交中的一个重大失误。

与此同时,我们也应看到,在经历过所谓"国书事件"的外交风波之后,第三次遣隋使所递交的国书,除了在措辞上避免了可能引起的误解,显得更加恭敬有礼之外,在表达形式和内容上并没有本质区别。从中,我们可以看出当时日本执政者的对华态度与之前有很大区别。他们不愿再以中国政权的臣属或附庸的身份出现,而是希望能作为一个独立国家的统治者与隋帝国开展外交关系。这正好反映了日本社会处于古代统一国家的形成期,日本人的国家意识正在觉醒的社会现实。

参考文献

[1] 陈寿.三国志.魏书.倭人传[M].裴松之,注.北京:中华书局,1982.

[2] 范晔.后汉书[M].李贤,等注.北京:中华书局,1973.

[3] 葛继勇.隋倭关系新考——以《异国牒状记》的记载为中心[J].唐都学刊,2008,24(4):39-42.

[4] 顾伟坤.日本文化史教程[M].上海:上海外语教育出版社,2008.

[5] 刘建强.日本古代对华外交中的遣隋(唐)使[J].唐都学刊,2008,24(4):23-28.

[6] 日本书纪[M].坂本太郎,等校注.东京:岩波书店,1983.

[7] 王心喜.论日本遣隋使[J].史学研究,2002(7):14-19.

[8] 陈寿.隋书[M].北京:中华书局,1973.

[9] 徐跃勤.日本"遣隋唐使"动机探析[J].山西师大学报(社会科学版),2007,34(3):102-104.

现代俄罗斯报纸发展探析

王晓捷　解　磊

摘要:本文对苏联和苏联解体后现代俄罗斯主流报纸的发展进行了综述,梳理和分析了现代俄罗斯报纸的类别和状况,总结划分了苏联和苏联解体后两种体制下现代俄罗斯报刊的发展阶段。

关键词:现代俄罗斯报刊;报纸分类;发展阶段

报纸是现代俄罗斯大众媒体不可或缺的一个重要组成部分,它是社会的一面镜子,反映了俄罗斯社会的政治、经济、文化生活等各个方面,成为大众了解当前社会中所发生事件的一种手段。俄罗斯报纸及其语言一直是众多社会学家、语言学家、心理学家、新闻界研究的对象。本文主要对俄罗斯报纸发展的历史沿革进行梳理,力求能够对苏联时期和苏联解体后俄罗斯报纸的发展历程及其阶段特点做出总体把握。

一、苏联时期报纸发展情况

俄罗斯的第一份报纸《自鸣钟》(Куранты)出现在17世纪下半叶米哈伊尔·费多洛维奇统治时期。1702年根据沙皇彼得大帝的命令成立了国家性报纸《消息报》,当时彼得大帝积极参与了第一份国家性报纸的创办,1704年彼得大帝死后该报纸被关闭。除此之外,俄国还创办了《圣彼得堡消息报》(1727—1917)和《莫斯科消息报》(1756—1800)。在蒙古鞑靼统治时期(1703—1905)和苏联时期(1917—1991),报纸是国家政权发布消息、引导舆论,并借以管理国家的有力工具。1838年根据俄国财政部部长坎克林的倡议,开始在42个省出版《消息报》,报纸显要位置刊登官方命令、指示、报告、国家的公务信息。随着苏联政权的成立,规定了明确的报纸外观、内容和统一格式。列宁指出:"报纸不仅

是集体的宣传者和鼓动员,而且还是集体的组织者。①"(Ленин,1901)

1. 苏联时期报纸具有鲜明的阶级性和党性

苏联时期的报纸发行量大,国家性的报纸非常繁荣。列宁指出,"杂志应该主要用于宣传,报纸主要是鼓动","应该简单、清楚、直接告诉大众真相",报纸是"阶级斗争最锋利的武器,是组织阶级力量的中心和基础,是影响大众的有力手段"。苏联成立初期就成立了统一的国家信息机构。1918年全俄中央执行委员会通过决议,成立了中央信息局,即俄罗斯电话电报局,后俄罗斯电话电报局于1935年被废除,它的职能由苏联电话电报局承担,主要任务是收集并传播苏联国内外的信息和各类官方文件。列宁指出,"资产阶级报刊是其强大的武器之一","对于刚刚巩固的工农政权它并不比炸弹和机枪要安全。②"(Протасова,2001:21)

苏共总书记勃列日涅夫在苏共26大中指出,"报纸或杂志中的每篇文章、电视或广播的每次报道都应该看作是与人们的严肃对话,他们期待的不仅是对事实正确而有效的表述,而且是对其深入的分析和认真的总结。我希望,苏联记者和我国报刊的数百万积极分子总是表现出高度的社会积极性和责任性,遵循列宁原则和党的期刊传统"③。(Материалы XXVI съезда КПСС:767)

苏联党报的主要出版机构是苏共、苏联政权和管理机关、社会组织、科学机构和各类团体,苏联时期没有私人出版机构出版的报纸。苏共出版发行党报最多,针对不同的读者,出版发行公共的、行业的、专业的报纸。这些报纸中刊登的所有资料都服从于一个目的:从各个方面阐明苏共政策理论和实践、党的生活和其他问题。报纸中常常刊登列宁和斯大林等国家领导人的文章、党的领导机构的材料、国际共产主义和工人运动的材料。苏联政权和管理机关报纸的主要目的是揭示苏维埃作为国家政权机关的作用、功能、任务和典型特点及其活动,苏联内外政策的意义和内容。中央和各共和国的报纸主要刊登最高政权机构、各主席团和委员会的文件和材料,苏维埃政府的决议和命令等文件。

2. 苏联时期报纸体统的分类和名称特点

苏联时期的报纸具有严谨的中央报纸体系,中央报纸的中央性并不是指报纸,而是指报纸出版机构属于中央部门。苏联时期的报纸根据区域特征可以分为:全苏、共和国、边疆区、州、市、地区、地方基层报(各组织、企业、机构、学校、集体农庄报);根据出版机构

---

① Ленин В. И. С чего начать[N]. газета Искра,1901,05(4).
② Протасова. О. Л. История российской журналистики (XVIII-начало XX в)[M]. Тамбов: Изд-во Тамб. гос. техн. ун-та, 2001:21.
③ Материалы XXVI съезда КПСС. [M]. Москва:Политиздат, 1981:76.

可以分为：苏共报纸、苏联国家机构、工会、共青团、科研机构和各团体报纸；根据内容（主要专题）可以分为：社会政治、经济、文化文学和专业报纸、行业报；根据语言可以分为：俄语、苏联各民族语言和外国各民族语言报纸。苏联时期的报纸以各共和国居民的母语为主。

苏联时期属于第一梯队的报纸是中央性报纸，主要有：《真理报》，发行机构是苏共中央委员会中央机构，《人民代表苏维埃消息报》——苏联最高苏维埃主席团。当然还有其他报纸：《劳动报》——全苏工会中央理事会，《共青团真理报》——苏联列宁共产主义青年团中央委员会中央机构，《文学报》——苏联作家联盟理事机构，《苏联体育》——文化体育委员会，《论据与事实》——全苏《知识》协会每周简报出版机构等。

在苏联加盟共和国（现在许多加盟共和国成了独联体成员国）出版发行共和国报纸。如《哈萨克斯坦真理报》的出版机构是哈萨克斯坦共产党中央委员会、哈萨克斯坦苏维埃社会主义共和国最高苏维埃主席团和部长会议机构；《列宁接班人》——哈萨克斯坦列宁共产主义青年团中央委员会机构；《体育》——哈萨克斯坦共和国体育委员会。需要指出，这些出版物在苏联各加盟共和国内属于第二梯队的报纸，以哈萨克语出版发行的报纸属于第一梯队。

苏联各自治共和国、边疆区和州发行各自的《真理报》，如（《高尔基真理报》）或者《工人报》(《乌拉尔工人报》)，这些报纸的发行机构是苏共州委和州执委，同时也发行共青团的《接班人报》(《青年报》等)。

在州属大城市，如伏尔加格勒州伏尔加市或阿尔汉格尔斯克州北德文斯克市出版《伏尔加真理报》和《北方工人报》。

在地区中心出版联合报（苏共区委和市委、市和区执委机构）和地区报纸（苏共区委和区执委机构）。除此之外，大型企业、学校、集体农庄和国营农场也出版自己的出版物。

苏联时期报纸的名称有着深深的时代的烙印，同时也体现了对领袖的个人崇拜和政治局势的反应。如苏联时期使用列宁和斯大林名字的报纸就像孪生兄弟：《列宁道路》和《斯大林道路》，《列宁旗帜》和《斯大林旗帜》，《列宁接班人》和《斯大林接班人》，《年轻的列宁主义者》和《年轻的斯大林主义者》，《列宁主义者》和《斯大林主义者》。再比如，《斯大林主义者的旗帜》《斯大林的青年》《斯大林的呼唤》《斯大林的新建筑工地》等，可见，国内的政治形势对报纸的影响。

地方报纸也因时而异根据当时的政治局势改变着自己的名称。如1945年滨海边疆区纳霍德卡市出版的报纸《浪声》于1950年改名为《斯大林的旗帜》，1956年又改名为《纳霍德卡工人报》。纳霍德卡市报纸1956年改名是因为斯大林去世后他的个人崇拜被推翻的结果。

3. 苏联时期的报纸模式

苏联时期一位传奇主编苏博京指出,"所有的报纸相互都很像:社论、简单的模版、官方的材料。而且《莫斯科共青团员报》比其他报纸更糟糕,它刊登党的和共青团的文件,而且不仅是全苏的,还有市和州的文件。有生命力的词语找不到地方,报纸中还挤入工人和农村各部门、共青团生活的通讯。文化和体育完全只有一星半点。"①(Добровольский,2009)这样做的意图是让青年人和其他非党员的大众更好地掌握党和国家的指示精神。

苏联时期的报纸模式主要体现在内容、结构和发行量3个方面。苏联时期的报纸主要属于社会政治类报纸,社会政治出版物报道社会生活的全部领域,从政治、经济到体育、文化和艺术。苏联时期的《共青团真理报》《莫斯科共青团员报》《劳动报》以及俄罗斯所有共和国、边疆区、州、市和区报都是4个版面。报纸内容刊登来自苏共代表大会、全会和其他"历史性"措施的报告。第一梯队报纸(中央报纸)只刊登苏共代表大会、苏联最高苏维埃会议、苏共中央委员会全会等的全文报告。州的党报刊登全苏党和委员会以及州的详细报告,还刊登州会议、全会、州委员会会议的报告。共青团报纸,如《青年报》刊登最高委员会和州委员会会议、党代表大会和党的会议的简要报告。苏联共产主义青年团是《青年报》的顶头上司,列宁共产主义青年团中央委员会、共青团边疆区委和州委定期召开全会和其他会议,会议报告通常由青年人的报纸全文刊登。

苏联时期的报纸除了刊登各类官方文件和报告外,还会刊登小说连载等文学作品,以及还有少量的轰动性的材料(如火灾、洪灾,但不限于此)。读者来信和地方新闻让地方报纸成为最大众化的报纸,而且常常是赚钱的报纸。这些报纸中专门留出大幅的版面刊登读者的来信,并设有专栏,在有限的版面内刊登大量的地方新闻来吸引读者。

苏联时期的报纸都有各自的定位。《劳动报》在那个年代也是大众化的报纸,但是工会报纸有明确、严格划分的读者,即工人。《文学报》当时是"消极的、持不同政见"②(Устинов,2009)的知识分子的出版物。这里指的是各种科研所的学者、科研人员、艺术家、作家、演员,通俗讲《文学报》是上层知识分子的大众报纸。《消息报》在工程技术工作人员中(包括医生、教师、"智力劳动无产者")受到欢迎。

苏联时期报纸的发行不是按照市场经济规律,而主要是按照指令计划性。1978年前

---

① Добровольский А. Наш человек во времена Сталина[OL]. http://www.mkgazeta.ru/history/28/.
② Устинов С. О моем отце. Ушел из жизни сказочник. [OL]www.mk.ru/culture/books/article/2009/01/11/4911-0-moem-ottse.html. 2009.1.11.

规定零售占订阅发行量的10%,报纸主要通过订阅发行。为了加强对居民的鼓动和宣传,官方报纸的发行量很大。如,20世纪70年代初白俄罗斯《青年旗帜报》发行量为25万份,而对于人口约千万的白俄罗斯共和国还有3种共和国普通政治类报纸(两份党报和一份共青团报)和几种州的报纸。对于哈萨克斯坦共和国400万说俄语的居民出版了发行量为30万份的哈萨克斯坦《列宁接班人报》,而且《共青团真理报》在哈萨克斯坦也有大约同样的发行量。

苏联时期的报纸极力追求对苏维埃现实的全面描写,同时努力构建符合国家利益的正面的世界图景。但是现实经常与记者的世界图景相矛盾。苏联时期的记者在描写负面专题时,通常让人们认为负面的内容并不是苏联社会现实不可缺少的部分。苏联政权通过报纸在大众中建立起对周围社会环境的正面印象,文学中称之为"美化现实","记者的活动与经济和文化任务的完成以及人的教育任务相统一;对于大众交际工具而言存在来自最高党和国家机构醒目的信息分配、检查和核准系统。"[1](Назаров,2003)报纸话语在许多方面是标准的,"标准理论是以好与坏、应该和不应该、真实和不真实、公平和不公平的概念来理解现实的。"[2](Поспелова,2010:42)

二、苏联解体后俄罗斯报纸的发展

1985年苏共中央委员会总书记戈尔巴乔夫上台,开始推行改革和新思维。戈的新政导致了国家政治、经济、社会和文化生活发生了根本性改变。国家政权对大众媒体的政策以及大众媒体自身都发生了巨大的变化。报纸期刊积极地宣传改革和新思维,逐渐形成新的社会意识。

1. 报纸体系由垂直结构向水平结构的转变

20世纪最后10年,俄罗斯的社会结构和政治意识发生了很大变化,新信息技术得到了迅猛的发展。1990年8月1日《苏联出版与其他大众传播媒体法》生效,该法废除了由书刊保密检查总局及其地方分支机构实施的提前书刊检查。由此带来的是俄罗斯报纸不论从形式上,还是内容上都发生了极大的变化。新法生效初期,报纸的发行虽然没有报刊保密检查总局的审核,但是出版的内容实际上没有改变,这是因为报纸与以往一样仍然是党委、工委、苏联列宁共产主义青年团委员会和大学生工委的机构,报纸体系的结

---

[1] Назаров М. М. Массовая коммуникация и общество. Ведение в теорию исследования[M]. Москва: Изд—во Аванти плюс. 2003:149.
[2] Поспелова О. В. К вопросу о нормативном дискурсе в политических науках[J]. Вестник Северного (Арктического) федерального университета. Серия: Гуманитарные и социальные науки, 2010(6):39-46.

构仍然体现了苏共的垂直结构。1991年8月叶利钦总统颁发命令禁止苏共活动后,大部分党报都消失了,随之出现了独立记者团体。大众媒体正在从戈尔巴乔夫改革阶段形成的公开性模式向"第四政权"的运转模式过渡,报纸的编辑可以独立地选择主题和内容。言论自由让报纸编辑独立地选择报纸篇章的主题。

现在俄罗斯报纸的结构不再是苏联时期的垂直结构,而是水平型结构。俄罗斯报纸类型按照地理特点分为全俄、中央、国家、地区报刊,地方报刊继续运行。从《真理报》到地区报的从上至下的垂直结构替换成了大众媒体的水平结构。早先属于中央性报纸的《劳动报》《消息报》《共青团真理报》也成了独立报纸,在俄罗斯全境发行,只是发行量比苏联时期大幅减少。

《俄罗斯报》在苏联时期是毫无争议的中央报纸,中央权力机构的所有的法律、决议、指示和其他法令只有在《俄罗斯报》上刊登后才生效。苏联解体后,《俄罗斯报》仍然是俄罗斯政府机构的报纸,报纸的功能得到了承继。《汽笛报》形式上在苏联时期也是中央报纸,当时它是由交通部的中央机构出版发行的,交通部后改制为"俄罗斯铁路"国家股份有限公司,目前《汽笛报》成了普通的公司出版物,在俄罗斯这样的出版物现在有数十种。

苏联时期一些全国性的报纸《共青团真理报》《论据与事实》《劳动报》《莫斯科共青团员报》《消息报》《文学报》《新闻报》等在苏联解体后都成为独立性报纸机构。

2. 苏联解体后俄罗斯报纸的分类及其私有化

获得独立地位的报纸在记者集体手中没有停留很长时间,就被银行家和各大公司攫取。斯特罗夫斯基指出,政治的不自由是苏联时期大众媒体存在的现实,大众媒体在完全自由的状态下持续时间不长后,就被经济的不自由所取代,这个时期的媒体是大公司管理下的专制模式。

党的报刊成为商业报刊,同时导致了新型报纸的出现,并形成了苏联时期所没有的新的报刊分类:精英报刊和大众报刊。精英报刊首先是财经报刊,目前俄罗斯有些金融类报纸接近西方的精英报纸,如《生意人》报纸。这类报纸最重要的部分是对事件的分析和阐释,而不是单纯地对事实进行罗列。大众报被归为通俗性报刊,如《论据与事实》等。随着优质报纸数量的增加,在现代俄罗斯报纸类型中出现了报纸的市民化和低俗化(бульваризация и пожелтение),甚至包括《共青团真理报》和《消息报》。完全意义的市民化和低俗化的报纸不是日报,而主要是周报,如《城市快车》等。

为了让报纸在市场经济下更具竞争力,许多报纸内容融合了各类信息,既有严肃的信息和评价的内容,还有针对并不苛求的读者而设置的介于严肃类和低俗类之间的版块,这样报纸就能够为更广泛的读者服务,并以此吸引广告商的投入。如《莫斯科共青团员报》就属于这类报纸,今天它在俄罗斯非常受欢迎。广告是俄罗斯报纸不可或缺的成分,它促使出现了新的免费报纸。广告报纸分为两种:纯广告报和信息广告报。毫无疑问,俄罗斯经济对报纸的现状产生了很大影响,城市报刊递送系统的破坏摧毁了晚报,晚报主要是通过零售发行,并在日内出版,这样就使得《莫斯科共青团员报》与《莫斯科晚报》的区别非常不明显。

政治因素同时也影响着报纸的发展和变化。俄罗斯政治分成几派,这在很大程度上对俄罗斯报刊内容及其报道政策产生影响。苏联解体后的俄罗斯全国各地的情况发生了巨大的变化,报刊处于经济集团相互对抗的作用之下,经济集团在政治领域的对抗远远多于经济领域。俄罗斯和莫斯科的报刊和电视频道大部分都属于这些经济集团,这些经济集团包括大公司、银行和国有公司。俄罗斯国内的政治经济形势是决定报纸信息结构特色的重要因素,市场经济在俄罗斯大众媒体领域的发展还没有完全成熟,俄罗斯报纸的言论自由处于受限状态。在国家层面,国家作为大众媒体的所有者及其活动的调节者;在地方层面,国家的影响是通过地方政权(州长、市长等)来实现的。

三、俄罗斯报纸历史发展阶段划分

对俄罗斯报纸历史发展阶段的划分,俄罗斯学者给出了不同的答案。如:扎乌尔斯基对后苏联大众媒体提出5种发展模式:

改革模式:1985—1990年的改革模式,它是在苏共和国家管理下的社会民主化的工具;

自由模式:1991—1993年新闻机构作为"第四政权",达到了对国家的独立,属于自由的"黄金时代";

专制模式:1993—1996年公司专制的媒体,处于大公司管理下的专制模式;

混合模式:1996—1999年公司和媒体自由的混合模式,媒体保留了不大的自由度,公司对媒体进行监督;

受限的商业化媒体模式:2000年至今受限的商业化媒体模式,在巩固垂直管理的条件下,国家加强对媒体的监督,加强对地区和地方媒体的行政影响。

学者斯特罗夫斯基则把俄罗斯大众媒体发展阶段与社会政治变化等同起来做出如下划分:

1985—1991年改革和公开性政策阶段;

1990—2000年市场关系的形成阶段;

2000年至今现代政治转型阶段。

上述俄罗斯专家学者对俄罗斯大众媒体发展的阶段划分各有侧重,但略显烦琐,有些阶段划分也有重合部分。总体上看,我们认为可以把现代俄罗斯大众媒体的发展划分为4个阶段:

宣传机器["戈尔巴乔夫上台前"(1917—1985)];

公开性("戈尔巴乔夫时代");

言论自由("叶利钦时代");

限制的言论自由("普京时代")。

1917年苏维埃政权成立后,报纸作为党的喉舌,主要进行宣传苏共的各项方针和政策活动。报纸在报道苏联国内社会、政治、经济和文化等内容时,几乎都是异口同声从正面进行报道,而对社会中存在的问题避而不谈。因而,这一时期的报纸可以看作是国家的宣传机器。

1985年戈尔巴乔夫上台后,推行改革并提出了"公开性"。戈尔巴乔夫鼓励报刊等大众媒体报道社会中存在的问题,在戈尔巴乔夫的"公开性"原则的指引下,苏联报纸开始报道苏共内部和社会中存在的问题和阴暗面,如贪污腐败、官僚主义、卖淫、走私等问题。同时,苏联时期的报纸开始客观、公正并及时地报道与其他国家之间关系的情况。1990年6月12日,戈尔巴乔夫签署法令《苏联出版与其他大众传播媒体法》,该法令第一章中规定报刊和其他大众媒体是自由的。根据苏联宪法保障公民言论自由和出版自由,这意味着公民享有以任何形式,包括通过报刊和其他舆论工具发表意见和见解以及寻找、选择、获得和传播信息的权利。1991年10月《俄罗斯联邦大众媒体法》的通过宣告了苏联运行数十年的书刊检查制度的寿终正寝,该法规定:"禁止对大众媒体进行书刊检查,官员、国家机关、组织、单位或社会团体不得要求预审媒体和编辑部的报道和相关材料(作者或被采访人是公职人员时除外),不得禁止报道、否定材料及其中部分内容。禁止成立任务和职能中包括对大众媒体进行书刊检查的组织、单位、机构或职务,不得为上述机构提供经费。"①(Закон РФ,1991) 可以说,在戈尔巴乔夫时期,苏联大众媒体被桎梏的手脚得到了解放,获得了自由。

苏联解体后,在叶利钦执政期间,俄罗斯大众媒体的新闻自由可以说非常广泛,可以自由地进行报道,传播思想。俄罗斯的大众媒体广泛参与到社会的政治、经济和文化生活中,自由地对现实社会进行报道。苏联解体后,俄罗斯实行了资产的私有化,大众媒体也进行了私有化,于是有些报纸掌握在记者集体手中。可以说,当时报纸的内

---

① Закон РФ. О Средствах Массовой Информации[S]. (Закон о СМИ) от 27.12.19991 N 2124-1.

容、思想完全体现了新闻自由和言论自由,后来俄罗斯实行的"休克疗法"使经济大幅下滑,由于生存困难,独立报纸从记者的手中转入了金融寡头和财团手中,成为其政治斗争的工具。

2000年普京执政后,开始进行各项改革,并从寡头和财团手中把媒体的控制权重新收回,并建立了三种形式的大众传媒:国家、国企和独立的大众媒体。2002年11月通过《俄罗斯联邦大众媒体法》修正案,修正案中对大众媒体做出了相关要求,进行自我约束,强化媒体的社会责任感。经过整顿和改革后的媒体基本上有了统一的声音,在追逐经济利益的同时为国家服务,听命于当局。在普京执政期间,大众媒体的报道只要不对国家安全和政治安全造成负面的影响,媒体就是自由的,可以理解为普京时代大众媒体的自由是受限的言论自由。

结语

现代俄罗斯报纸的发展经过一个从无到有、从小到大、从弱到强的过程,在这个发展过程中,报纸作为管理国家的工具,其政治色彩非常鲜明,从苏联成立初期到苏联的解体,不论是报纸的名词、内容、报道模式、形式结构、种类划分都体现了苏联时期的政治体制元素。苏联解体后至今的俄罗斯报纸经历了急剧的发展与变化,从苏联时期的政治依赖进入了相对的完全自由,后受到了金融寡头的制约,最后发展到现在受限的言论自由,这些从报纸的发行量、内容、读者群定位等方面都得到了体现。

参考文献

Добровольский А, 2009. Наш человек во времена Сталина. [OL]. http://www.mkgazeta.ru/history/25/.

Ленин В И, 1901. С чего начать [N]. Искра, 05(4).

Закон Р Ф, О Средствах Массовой Информации? [S]. 27.12.1991, N 2124-1.

Материалы XXVI съезда КПСС [M], 1981. Москва: Политиздат.

Назаров М М, 2003. Массовая коммуникация и общество. Ведение в теорию исследования [M]. Москва: Изд-во Аванти плюс.

Поспелова О В, 2010. К вопросу о нормативном дискурсе в политических науках [J]. Вестник Северного (Арктического) федерального университета. Серия:

Гуманитарные и социальные науки(6), C39～46.

ПротасоваОЛ,2001. История российской журналистики (XVIII-начало XX в)[M].Тамбов: Изд-во Тамб. гос. техн. ун-та.

Устинов С,2009. О моем отце. Ушел из жизни сказочник[OL]. https://www.mk.ru/culture/books/article/2009/01/11/4911-o-moem-ottse.html.

日本《朝日新闻》2017年涉华报道倾向性研究[①]

——以"一带一路"话题为中心

周 雪 谢秋霞 缪小雨 来怡诺 徐 卫

摘要：本文以2017年为时间背景，从微观角度入手，选取日本媒体中较具影响力的《朝日新闻》作为研究对象，将其2017年度共计1364篇涉华报道作为分析样本，从报道数量、报道主题、报道基调三个方面进行论述，探析样本选择时段内《朝日新闻》涉华报道倾向性的特点，并选取"一带一路"话题作为典型议题进行深入分析，试图从中解读其涉华报道的态度，为中日交流累积更多素材。

关键词：《朝日新闻》；涉华报道；倾向性；中日关系

一、序言

2018年10月11日，由中国外文局和日本言论NPO共同实施的第十四届北京－东京论坛"中日关系舆论调查"[②]结果在东京发布。结果显示，关于新闻媒体报道对方国家和两国关系的客观公平程度，仅有16.4%的日本公众认可日本新闻媒体报道中国和中日关系的客观公平程度，30.2%的日本公众认为日本媒体对改善中日关系和促进理解做出贡献。

曾任《朝日新闻》报社长的木村伊量在2005年的两京论坛中指出："在中日两国国民

[①] 此稿为苏州大学2017年度校级大学生创新创业训练计划项目"中日媒体对中日事件报道差异的研究"的阶段性成果。
[②] 中日关系同步舆论调查是北京－东京论坛的重要组成部分，自2005年首次实施以来，已成为反映中日两国民意、增进相互了解的重要途径之一。

舆论的形成过程当中,同教育相比,媒体发生了更为决定性的作用。"毋庸置疑,在日本民众心中构筑中国形象方面,日本媒体发挥着极其重要的作用。正因如此,日本媒体作为日本民众了解中国的重要途径之一,研究其如何去报道中国成了一个非常有意义的课题。

本研究选取了《朝日新闻》2017年一整年间的涉华报道作为考察对象,尝试探讨其涉华报道的总体情况和报道倾向。主要目的是期望通过日本较权威的主流媒体来看日本对中国的态度与认识,以便让更多的人能了解当今日本主流媒体的对华报道着重点及其对华态度倾向,帮助我们更好地把握中日关系的发展进程,为中日交流积累更多素材。

二、研究对象及研究方法

1. 研究对象

为了能够展现真实、全面、公正、权威的涉华报道数据研究结果,探寻日本报刊涉华报道的实质与规律,本文将讨论建立在大量数据采集与分析之上,主要选取《朝日新闻》2017年的一年内共1364篇涉华报道作为研究对象。

2. 研究方法

本文对《朝日新闻》涉华报道的倾向性的研究,主要从报道数量、报道主题、报道基调三个方面进行论述。研究一方面采用计量统计和分析研究相结合的方法,对《朝日新闻》涉华报道的概况作出分析;另一方面采用分析涉华整体报道和分析典型事件报道相结合的方式,探讨其涉华报道的特点及其倾向性。

具体方法如下:首先,以月份为分割线,以"中国"为关键词收集涉华报道材料作为基础样本;其次,对新闻报道的数量、主题、基调进行分类汇总,统计绘制结果汇总表;最后进入分析阶段:选取涉华报道典型事件进行具体剖析,总结出《朝日新闻》涉华报道的特点及倾向性。

三、2017年《朝日新闻》涉华报道基本情况

本研究把《朝日新闻》标题中包含"中国"的关键词以及报道内容大篇幅涉及中国事项的新闻报道都归为涉华报道。

以此为定义收集的涉华报道大致可以分为两类:一类是专门报道或评论中国政治、

经济、军事、社会等方面的文章;另一类是在报道、论述国内外重大问题时,涉及中国或兼论中国问题的文章。本研究以前一类报道作为主要分析对象,这一类报道也是本研究典型议题分析的主要来源。

1. 报道数量

根据前述方法的统计,2017年《朝日新闻》涉及中国的新闻报道有343天,报道篇数共1364篇,日均报道约4篇。按月份的统计结果如表1和图1所示。

表1 2017年《朝日新闻》涉华报道月份分布表

月份	报道条数	百分比
1月	126	9.24%
2月	83	6.09%
3月	101	7.40%
4月	148	10.85%
5月	114	8.36%
6月	118	8.65%
7月	146	10.70%
8月	110	8.06%
9月	87	6.38%
10月	91	6.67%
11月	131	9.60%
12月	109	7.99%

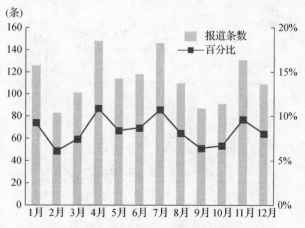

图1 2017年《朝日新闻》涉华报道月份分布图

从以上图表可以看出,2017年《朝日新闻》平均每月涉华报道篇数约114篇,其中4月的报道量最多,占总量的10.85%。这与中美高峰论坛、对朝鲜核问题牵制等事件的发生有一定关系。

2. 报道主题

本研究中所指的报道主题,是指通过对新闻标题和内容提炼和归纳而得到的报道向受众传达的中心思想或核心信息。

通过对考察对象的具体分析,我们发现《朝日新闻》的涉华报道不但数量众多,内容涉及也非常广泛,涵盖了政治、经济、社会、外交、军事、文化等各个方面。按报道主题的汇总结果如表2和图2所示。

表2 2017年《朝日新闻》涉华报道主题统计表

报道主题	报道篇数	百分比
政治	379	27.79%
军事	152	11.14%
外交	100	7.33%
经济	274	20.09%
社会	200	14.66%
文化艺能	38	2.79%
体育	35	2.57%
社论	45	3.30%
历史	22	1.61%
围棋将棋	8	0.59%
其他	111	8.14%

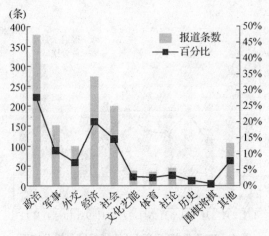

图2 2017年《朝日新闻》涉华报道主题统计图

从以上图表可以看出,2017年报道最多的是"政治类"报道(379篇),占涉华报道篇数总数的27.79%;其次是"经济类"报道(274篇),占20.09%;再其次是"社会类"报道(200篇)和"军事类"报道(152篇),分别占报道总量的14.66%和11.14%。而"围棋""历史""社论""体育"和"文化艺能"的报道数量偏少,都在4.00%以下。

综合2017年《朝日新闻》涉华报道的主题情况来看,报道较为频繁的主题有:"国家领导人(103篇)""南海问题(33篇)""一带一路(31篇)""反腐败(17篇)""十九大会议(31篇)"等。总之,2017年《朝日新闻》涉华报道最多的是政治和经济方面的新闻,总计达到报道总量的47.88%。由此可见,《朝日新闻》对于中国的新闻报道着重点在政治和经济方面。

3. 报道基调

本文对报道基调的界定将采用王娟在《普京第二任期俄罗斯媒体的涉华报道研究》中研究俄国媒体涉华报道中所使用的正面报道①、中性报道②、负面报道③的分类标准。

根据统计,在2017年关于政治、经济、社会、军事、外交方面的1105篇报道中,正面报道与中性报道总共727篇,占报道总数的65.79%;负面报道378篇,占总数的34.21%。报道主题与报道基调的统计结果见表3。

表3 2017年《朝日新闻》涉华报道主题与报道基调统计表

报道主题	篇数		
	正面	中性	负面
政治	14	254	111
经济	19	199	56
社会	9	57	134
军事	1	87	64
外交	3	84	13

从报道基调来看,中性报道和负面报道是《朝日新闻》涉华报道的主流,其中中性报道主要集中于政治类、经济类新闻,负面报道主要集中于社会类新闻。报道基调整体以中性报道为主,正面报道占有少许比重,负面报道较多。

---

① 褒扬中国、展现中国积极光明面,有利于中国树立现代、文明形象的新闻与言论属于正面报道。
② 其他客观且不带明显褒贬色彩的事实陈述和观点多元、相互平衡的言论属于中性报道。
③ 缺少真实性和带有偏见性,可能对受众在中国形象的认识上造成明显障碍、曲解或误解,以及有可能对中国形象引起不利影响的新闻和言论属于负面报道。

四、《朝日新闻》涉华报道的倾向性特点分析

由于目前国内对《朝日新闻》涉华报道倾向性的研究相对较少,缺乏相关文献和资料,本文仅从报道数量、报道主题和报道基调三个方面,对 2017 年《朝日新闻》涉华报道倾向性进行了具体考察。通过深入分析以上考察结果和数据,我们可以归纳出该报纸在涉华报道方面的一些倾向性特点。

1. 报道主题方面的倾向性特点

2017 年《朝日新闻》的涉华报道在报道主题方面主要集中在政治、经济、社会、军事四大领域。

据样本显示,在过去一年《朝日新闻》涉华报道中,其报道主题主要集中在政治、经济、社会、军事四大块,在人文领域的报道较少。因社会模块的报道主题较为分散,本研究不再展开,主要对政治、经济、军事三大领域的报道进行汇总分析,各领域被报道最多的事项分别如下所述。

(1) 政治主题方面:党的十九大等

《朝日新闻》对中国政治方面的动态极为关注,报道主题集中在国家领导人、政治政策实行等多方面,比较典型的是在党的十九大召开前后,《朝日新闻》进行了及时的跟进,报道基调以中性报道为主,但也出现了一些负面解读。

(2) 经济主题方面:"一带一路"、中美贸易战等

近年来,中国经济快速增长,日方对此也十分关注。多篇报道聚焦"一带一路"建设进展,报道较为客观。以日本首相安倍晋三提出支持"一带一路"构想为分界点,其报道态度也由较消极转为积极。此外,中美贸易战的相关报道也颇为吸引眼球。

(3) 军事主题方面:南海问题、朝鲜核问题等

《朝日新闻》对中国军事方面比较关注,报道数量较大。南海问题成为热点,《朝日新闻》关于此主题全年共有 31 条相关报道。朝鲜核问题遭到全世界抵制和制裁,日方媒体也不断追踪中方对朝态度,对朝政治、经济贸易动态,以及对朝制裁等方面动态,报道数量较大,报道基调偏负面。

2. 报道基调方面的倾向性特点

据统计数据显示,在 2017 年《朝日新闻》涉华报道中,中性报道共 832 篇,负面报道 448 篇,正面报道仅 84 篇。由此可见,2017 年《朝日新闻》涉华报道的基调体现为中性报

道为主,且负面报道比例相对较大,正面报道凤毛麟角。

其中,正面报道大多局限于企业发展、社会善举、文化习俗等方面,对于中国形象的塑造有一定的积极影响。负面报道主要集中在中国社会、政治、军事等领域,主要表现在"社会犯罪问题""领导人负面新闻""领土争端"等话题上,这也与其政治立场、国家利益、中日媒体意识形态等的差异有着直接的关系。中性报道多集中在政治、经济领域的报道上,客观地报道中国的政治政策、外交动态、经济状况和企业发展等。

整体而言,《朝日新闻》涉华报道偏向中立,中性报道占到总体涉华报道的绝大多数,可以看到《朝日新闻》涉华报道还是比较客观且友善的,这也与今年来中日关系不断改善有着一定的关系。另一方面,负面报道依旧多于正面报道,对于中国形象对日方人民的宣传仍有一定负面影响。在涉及国家利益的层面上,日本媒体"捍卫"国家利益的同时,会做出缺少真实性和带有偏见性的报道,可能使日方人民在中国形象的认识上造成明显障碍和曲解,由此有可能对中国形象引起不利影响。

五、《朝日新闻》涉华报道的典型议题分析

2017年《朝日新闻》的报道主题主要集中在政治、经济、社会、军事四大领域。本研究从经济领域中选取了报道频率较高、篇幅较长、报道持续时间较长且对国际、社会影响力较大,极具代表性、参考性、研究性的"一带一路"话题作为典型议题,通过分析研究该典型议题的报道数量、报道主题以及报道基调,从而对《朝日新闻》涉华报道的事件着眼点、关注度,主要思想和立场倾向有更全面、深刻的理解。

1. 报道数量

在2017年的《朝日新闻》涉华报道中,涉及"一带一路"的报道共有31篇,占全部涉华报道的2.27%,其中30篇为日本驻华记者新闻报道,1篇为评论性新闻报道。

2. 报道主题

在2017年《朝日新闻》涉华报道的1364篇中,关于"一带一路"的报道就有31篇,由此可见其传播之广与影响之大。其中,在2017年5月关于"一带一路"的报道最多,接近此报道主题总数的三分之一。集中在5月报道的原因之一是5月14、15日在北京举办了"一带一路"高峰论坛,《朝日新闻》对此表现出了极大的关心,报道数量也在高峰论坛前后激增;其二是日本自民党干事长二阶俊博也参加了此次高峰论坛,是日方对"一带一路"由戒备警惕向联系接触的态度转变的一个铺垫。

如果纵观2017年《朝日新闻》对于"一带一路"倡议的报道,可以明显看出日方态度

的转变。从持"防备"心理,鲜有表态或响应,甚至在 5 月份的报道中多见反对批判"一带一路"的想法。到 6 月安倍首相在"亚洲未来国际交流会"提出支持"一带一路"构想,日本对"一带一路"倡议的态度渐渐由消极转向积极,并积极地探讨合作的具体方案及如何更好地融入"一带一路"构想,将其作为商机,推动日本国内经济发展。

3. 报道基调

总的来说,《朝日新闻》在对"一带一路"的报道中尊重事实,持中立态度。以日方寻求参与"一带一路"为分界点,报道基调也由较负面的报道转为以正面报道为主。2017 年《朝日新闻》对"一带一路"话题的相关报道的总的报道基调呈现为中性报道为主→负面报道为主→正面报道为主的变化趋势。

王义桅、崔白露在《日本对"一带一路"的认知变化及其参与的可行性》中也提出,"日本对'一带一路'的认知,经历了一个从最初的消极抵制、保持警惕,再到密切关注、认真研究,再到联系接触、主动寻求参与的转变过程,并频频释放积极友好信号,寻求对话和合作"①。这与我们对《朝日新闻》报道"一带一路"话题的报道基调的研究结果一致。

六、结束语

对以上考察和分析做一总结的话,在 2017 年一年间,《朝日新闻》样本中的 1364 篇涉华报道涉及中国的政治、经济、社会、军事、文化、外交等各个方面,对中国的现实状况进行了全方位的报道。在报道基调上,《朝日新闻》总体上能够用客观的笔调描述事实,整体上展现了一个比较接近现实的中国形象。但关于中国政治运行、官员腐败问题、社会犯罪等负面新闻的描述在受众认知层面产生了影响,其对中国的评价有一定的负面性,但一直处在一个可变动的范围。

总之,研究 2017 年《朝日新闻》涉华报道倾向性,可以为我们进一步研究中国媒体对日报道倾向性的对比提供参考。我们应该把握涉华报道倾向性的性质及存在原因,把握不同时期、不同历史背景下日本对华态度的变化。作为一个开放的大国,我们希望未来通过不断加强同境外媒体的交流与协作,增强国家间的相互理解,提高媒体的信誉及对外传播的实力,营造有利的国际舆论环境,促使国内外媒体更为客观公正地相互报道,为各国加强对外政治、经济、文化等各个方面的交流提供良好的国际平台。

---

① 王义桅,崔白露.日本对"一带一路"的认知变化及其参与的可行性[J].东北亚论坛,2018,27(4):96.

参考文献

[1] 艾勤径.《朝日新闻》:最能代表日本的报纸[J].新闻与写作,2006(5):29-30.

[2] 方喜,詹宏伟.从新闻语篇的副词使用看中日媒体意识形态的差异性[J].伊犁师范学院学报(社会科学版),2013,32(2):95-98.

[3] 郝慧丽.浅谈新闻倾向性与客观报道[J].理论探讨,1999(3):12-13.

[4] 金永明.2018,中日关系重要而关键的一年[N/OL].海外网.2017-12-28.

[5] 李正国.国家形象构建:政治传播及传媒影响力[J].现代传播.2006(1):157-159.

[6] 卢昊.日本媒体对中国的偏向性报道分析:特征、集体反映和舆论影响[J].现代传播,2012,34(2):165-166.

[7] 荣元.福田时期《朝日新闻》涉华报道倾向性研究[D].大连:大连理工大学,2009.

[8] 阮蓓茜.中日相互报道与两国形象研究[D].南昌:南昌大学,2007.

[9] 王娟.普京第二任期俄罗斯媒体的涉华报道研究[D].北京:中国传媒大学,2008.

[10] 王义桅,崔白露.《日本对"一带一路"的认知变化及其参与的可行性》[J].东北亚论坛,2018,27(4):95-111.

[11] 张炀.重视中国报道的日本朝日新闻社[J].对外传播,2005(1):50-51.

试论日本传统战略文化对情报文化的影响

周 浩

摘要：日本在长期的情报实践中形成了迥异于东西方其他国家的独特情报文化,具有重视情报的历史传统和独特的全民情报观念、实用主义情报理念和情报机构单纯工具化倾向。影响和塑造日本情报文化的诸多因素中,日本的传统思想文化是起决定性作用的首要因素,而传统战略文化则是影响情报文化形成和发展最重要的传统因素,对迄今为止的日本情报工作有着持久而深远的影响。

关键词：日本;战略文化;情报文化;传统;影响

所谓日本情报文化,是指日本在独特的自然历史和文化传统基础上形成的相对稳定且独具内涵的情报观念、情报思维和行动特征的总和。其内容涵盖了对情报工作地位和作用的认识,对情报工作目标和任务的界定,情报工作中遵循的准则和传统,以及情报实践中的惯用方式和手段,等等[①]。通过研究日本情报文化可以发现,独特的日本情报文化对日本情报工作有着持久而深远的影响,甚至左右着日本情报工作的发展方向。影响和塑造日本情报文化的因素有很多,其中起决定性作用的是日本的传统思想文化,而日本独特的战略文化则是影响其情报文化形成与发展的最重要的传统因素。

一、影响日本情报文化形成与发展的主要因素

情报文化是一个国家的文化传统在情报领域的集中映射。一国情报文化的形成必然受到本国文化传统的内在制约,不可能超越其所处的自然历史条件和社会文化背景。

---

① 周浩,刘强. 日本情报文化:源流、特质与影响[J]. 南京政治学院学报,2017(1):63.

日本的情报历史源远流长。日本最古老的史籍《古事记》①和《日本书纪》②中都有大量关于日本民族和国家形成时期情报活动的记载。据《古事记》记载,在远古神话时代(即原始氏族社会),高天原与出云两个国家之间的战争中发生了围绕"天若日子派遣"展开的情报斗争,是日本历史上有记载的最早的情报战。在漫长的情报实践中,日本逐渐形成了迥异于东西方其他国家的独特情报文化。近代以来的日本情报文化主要表现出三大特征:即重视情报的全民情报观、实用主义和主观唯心主义情报理念和情报机构单纯工具化倾向。

作为连接文化传统与情报实践的桥梁,影响和塑造日本情报文化的因素总的来看可以分为四个方面,即自然国情因素、制度因素、传统因素和外来因素。日本历史上经历了近代以前封闭型岛国和近代以后新兴海洋国家两个截然不同的发展阶段,形成了独特的国家政治体制、决策机制和情报体制。以"神佛儒习和"与皇国史观为代表的传统思想文化和武士道军事文化对日本情报文化的形成与发展起着举足轻重的决定性作用,而其中战略文化则是影响日本情报文化最重要的传统因素。以《孙子兵法》的谋略和"用间"思想为代表的中国古代情报思想,以及以美国为代表的近现代西方国家情报观念,都对日本情报文化的演进产生了重大影响。

二、日本传统战略文化的演进

日本情报文化的许多特征都带有鲜明的传统战略文化的烙印。日本的战略文化是日本民族在独特的自然历史条件和民族文化传统基础上形成的战略思想和战略理论,是构建和实施其国家战略所遵循的基本理念和习惯性思维方式。由于岛国的地理封闭性,日本人在独特的自然历史条件下逐渐形成了迥异于欧亚大陆其他国家的民族性格和思维方式,最终形成了独特的思想文化传统,进而形成了独具特色的日本战略文化。

古代日本战略文化是在学习中国先进文化的过程中形成和发展起来的。日本先是引入了汉文用于记事,进而发明假名拥有了本民族文字,从而为本土战略文化的表达和传播提供了载体。自汉代开始,日本持续引进中国的先进文明,形成了"唐风文化"并进而创造出具有本土特色的"国风文化"。公元11世纪武士集团开始崛起,幕府将军开始

---

① 《古事记》是日本现存最古老的史书。根据其序言,是元明天皇命太安万侣在公元712年编成,记载了凭稗田阿礼口诵之《帝纪》和《旧辞》以及一些历代口耳相传的故事。全书分为三卷,上卷是神话时代的物语,中卷是从神武天皇到应神天皇的记事,下卷收录从仁德天皇到推古天皇的记事。也是日本最早的文学作品。

② 《日本书纪》是日本留传至今最早之正史,六国史之首,原名《日本纪》。舍人亲王等人所撰,于公元681年至720年完成。记述神代(旧石器时代)乃至持统天皇时代的历史。全书三十卷,一和二卷讲神代,三到三十卷从神武天皇讲到持统天皇,采用汉文编年体写成。

主宰日本政治。15世纪中叶日本开始进入"战国时代",频繁的战争极大地刺激了日本人的军事韬略思维,开拓了日本的战略视野,武士战争谋略思想开始形成和发展。同时,地处欧亚大陆东部边缘的特殊地理位置为日本与西方国家进行交流提供了便利条件,欧洲科学技术和地理知识的传入逐渐改变了日本对世界的认知。有学者认为,16世纪末丰臣秀吉对外扩张的野心,很可能是受到了新的地理知识的刺激和影响[1]。而随后入侵朝鲜的实践更显示出日本在实现国家统一后,挑战既存的东亚朝贡体系,谋求独立国际人格乃至于家天下的战略冲动。17世纪初德川幕府统一日本后,把此前国内战争中产生的"武士道文化"系统化和理论化,使之超越武士阶层,成为日本整个统治阶层的道德文化,并随后开始实施长达200多年的禁教和锁国政策,对其后的日本战略文化产生了极其复杂和深远的影响。这期间"国学"的产生是日本民族意识成熟的标志。通过宣扬"神佛儒习和",鼓吹日本的种族优越性和国粹主义,为日本的战略文化提供了精神内核,进而形成了自立于东亚朝贡体系和欧美殖民体系之外的独立的战略文化观[2]。另一方面,长期闭关自守限制了日本人的战略视野,形成了一种排他性的"以自我为中心设定国际秩序"[3]的"华夷秩序"[4]观。这种以自我为中心的战略思维被后人定性为视野狭隘的夜郎自大的"岛国根性"[5]。

以1853年美国佩里舰队入侵日本的"黑船来航"事件为标志,日本的锁国政策在欧美强大武力和先进文明的强烈冲击下被打破,民族生存危机骤然而至。现实需求使长期积累的战略文化思想积淀迸发出来,出现了一大批具有战略思想的学者,其中最具代表性的人物为福泽谕吉、佐藤信渊、横井小楠、吉田松阴等。福泽谕吉在《文明概略论》中提出必须以欧洲文明为学习目标的"脱亚入欧"论,而横井小楠1860年出版的《国事三论》一书以"富国、强兵、士道(即武士道)"为核心,提出了"彰显尧舜孔子之道,穷尽西洋器械之术,不止于富国,不止于强兵,而要布大义于四海"[6]的国策构想,被誉为日本战略文化近代化的重要标志。这些理论成果构成了较为系统和完善的近代日本战略文化思想体系,并在明治维新后迅速社会化和国策化,推动了日本内政外交的快速近代化。从明治维新到第二次世界大战结束,日本战略文化呈现出三大主要特征:一是武士道被迅速平民化,最终演变为军国主义文化并主宰日本内政外交。为了凝聚国力、贯彻改革和参与国际殖民竞争,日本统治阶层把过时的武士道文化改造成一种代替欧美契约式文化用来

---

[1] 赵德宇.西方科学技术初传日本及其历史影响[J].日本学刊,2001(5):102.
[2] 周桂银,段廷志.日本战略文化论纲[J].解放军国际关系学院学报,2007(2):3.
[3] 荒野泰典.日本人のアジア観[M].東京:東京大学出版会,1988:162.
[4] 川勝平太.文化力——日本の底力[M].ウェッジ,2006:236.
[5] 刘强.论日本国家安全战略调整——基于日本战略文化和战略意愿的视角[J].国际观察,2009(5):45-51.
[6] 森藤一史.山崎益吉·横井小楠と道徳哲学[J].高崎大学経済論集,2003,46(1):42.

指导和组织全体国民的精神工具。"过去只占日本人少数的武士阶级的生活方式成了日本全体国民的理想。"①二是带有浓厚封建色彩的殖民主义成为主流思想。日本在以近代主权国家观看待和处理与欧美强国关系的同时,又以殖民主义和封建扩张主义对待亚洲各国,提出了建立"大东亚共荣圈"的侵略扩张理念。三是日本传统民族文化体系核心价值的原始丛林法则开始暴露无遗。究其原因,引入中国文化对古代日本战略文化的发展影响极为深刻。首先,日本本土文化的自然发展进程被外来因素打断,"生存至上"的部族社会原始观念固化为所谓的"和魂"。作为日本文化价值观的内核,"和魂"虽具有黏附外来先进文化的特质,却对外来文化的核心价值具有强烈的排异性。古代日本虽然接受了中国儒教文明,却排斥强调儒教核心价值"仁政"的孟子学说;近代日本吸收了欧美文明,却拒绝了基督教倡导的人"生而平等"的核心价值。这使得日本战略文化在道义上始终缺乏固定的道德标准和内在强制力,也是日本在随后肆意发动侵略并滥杀无辜的深层原因。总之,由于日本的发展水平相对滞后于欧美,加之自身文化内核的原始性限制了日本驾驭外来文化的能力,导致日本战略文化的内省和自我更新能力较弱。在吸收了欧美殖民主义文化并取得对外扩张的一系列成功后,日本的战略思维逐渐陷入停滞和僵化,固执于明治时期制定的大陆政策而无法顺应国际形势的风云突变。

　　二战结束后,日本文化迎来了第三次大规模吸收美国文化的历程。作为战败国,日本的这次吸收具有明显的半强制性和浓厚的反省色彩。"冷战"时期日本的战略文化主要表现为:一是和平主义成为战略文化的主流,维护资产阶级民主成为主要诉求;二是经济现实主义取代近代合理主义成为对外战略的指导思想,"先经济后军备"为战后日本的经济复苏奠定基础;三是美国的影响成为左右日本战略文化走向的决定性因素,美式"自由民主"价值观对日本国民的精神领域有一定程度的内化。上述因素决定了战后日本战略文化的多元化倾向,近代举国一致的集权主义道路已很难重演。"冷战"结束以后,迅速崛起的新民族主义势力同长期遗存的右翼势力合流推动日本战略文化进入了新的嬗变期。日本的战略文化演变出现以下特点:一是近代霸道文化力图在恢复民族传统和"国际贡献"的旗帜下复活;二是"正常国家论"取代和平主义并被迅速国策化;三是以后现代理念看待欧美,以现代甚至是近代理念看待亚洲邻国的双重标准再度凸显②。"正常国家论"(又称作"普通国家论")最早由日本著名政治家小泽一郎在其著作《日本改造计划》中提出,主要诉求是已成为经济大国的日本理所当然应成为"国际国家",其前提首先要成为一个"正常国家",拥有军队并能够配合联合国和盟友(指美国)赴海外执行任务,

---

① 柳田国男语,转引自刘岳兵.日本近代儒学[M].北京:商务印书馆,2003:99.
② 周桂银,段廷志.日本战略文化的历史演进[J].解放军国际关系学院学报,2008(3).

根本目标是成为世界政治大国。"正常国家"战略的提出,表明日本所追求的国家利益从战后长期以经济利益为重点开始转向多元并重,其对安全利益和国家尊严的追求更加执著,而强化军备也成为"正常国家"战略的焦点目标,标志着日本国家战略的指导思想从经济现实主义转向政治现实主义。究其原因,在于日本文化中根深蒂固的"追求有名誉的地位"的观念。新渡户稻造就认为促使日本社会发生变化的原动力往往在于"日本国民不能容忍被蔑视为劣等国家的荣誉感"①。

安倍晋三在2006年第一次出任首相前出版的《迈向美丽的日本》一书中进一步阐释了日本战略文化价值观的新取向:一是试图通过对历史和战争责任的"自我解读",消除对二战受害国的赎罪心理,重塑大国意识;二是强调在坚持日美同盟的基础上强化自身防卫能力,以军备为后盾通过"入常"实现政治大国目标。安倍晋三第二次内阁强推解禁自卫权和新日美安保法案都是基于这种理念的政治实践。值得注意的是,安倍晋三和其他一些学者的著作中都有一个共同的提法,就是"美丽的日本"。这既是大国意识恢复的反映,又说明当前的日本战略文化相对于近代和"冷战"时期更加注重内在的协调性。

综合来看,当前日本的战略文化思维正面临重大转折。一方面,日本21世纪的国家战略发展目标已经非常明确,即巩固经济大国地位,打造世界一流政治大国,争当地区安全格局的主导者,进而成为世界重要游戏规则的制定者②,另一方面,由于日本政坛变化的不确定性和日本人固有战略思维的模糊性,一旦战略实施过程中遇到经济危机或重大政治挫折,固有的强烈民族危机感与现实困境相结合,是否会导致日本人重新迸发出铤而走险挑战既有国际秩序的非理性冲动,值得我们高度警惕和持续关注。

三、日本传统战略文化对情报文化的影响

尽管日本战略文化在不同时期有着不同的内涵和外延,但总体上具备以下几个基本特征:一是战略文化内核的原始性。遗留自部族文化的生存至上主义,使得日本战略文化不仅具有超强的适应环境能力,而且充满野心勃勃的扩张性和进取性。二是战略文化实践的冒险性。为适应灾难频发的恶劣自然环境,日本民族文化鼓励冒险和赞赏以小博大,武士道则一向强调轻生死和快意恩仇的宿命论思想。加之日本传统战略文化的成熟度不高,对外扩张战略往往存在少数专断和谋划不周,行为的冒险性自然凸显出来。三是战略文化取向的功利性。日本战略文化由于本质上的纯功利性导致其缺乏普遍性的

---

① [日]新渡户稻造.武士道[M].张俊彦,译.北京:商务印书馆,1993:97.
② 刘强.论日本国家战略调整——基于日本战略文化和战略意愿的视角[J].国际观察,2009(5):47.

核心价值,"与强者为伍"的战略信条就是这种功利性战略文化的突出体现。四是由功利性而派生出的不确定性。国际权势的流变如水,缺乏稳定核心价值的日本战略文化也容易游离不定。当国际格局稳定时,日本的战略决策常常稳定得有固执之嫌。而当国际形势剧变而有机可乘之时,其调整速度之快也令人惊异,其战略行为和结果往往出人意料[1]。这些特性对于日本的情报文化产生了重大影响,主要表现在功利主义与实用主义倾向明显,注重进攻性情报谋略活动,情报搜集重眼前轻长远,战略持久对抗能力弱等方面。

日本传统战略文化内核的扩张性和进攻性催生了推崇谋略活动的情报文化惯例。受战略文化中强烈的扩张性和进取性的影响,日本历来就有积极开展进攻性谋略行动的传统。在近代日本的历次对外侵略中,日本的情报机构是当之无愧的急先锋。早在战争发生前数年甚至数十年,日本情报机构就开始对交战对象国进行大规模情报渗透,派遣大批经过培训的谍报人员并发动秘密社团、商人、旅游者和留学生协助广泛搜集情报。而情报搜集只是日本情报机构的一个职能,其主要职能是投入大量精力实施进攻性谋略活动:包括实施政治性谋略行动,扶植傀儡政权分裂被占国家和监视占领区人民;发动经济战,通过制造假币、组织走私和贩卖毒品等方式削弱和扰乱目标国经济能力;策动宣传战,瓦解交战国民众抵抗意志;甚至直接组织特种作战,潜入敌对国家和军队后方从事侦察和暗杀等破坏活动以制造混乱,配合和策应常规军事行动。应该说在谋略行动方面,日本情报机构取得了极大成功。这些隐蔽行动组织之严密,手段之狠辣,规模之庞大令人叹为观止。无论是实施秘密谋略行动的特务机关间谍人员,还是策划和组织特种游击作战的秘密情报军官,都显示出了非同一般的勇气、胆识和策略,如1904年日本驻俄武官明石元二郎在日俄战争爆发后,以瑞典为基地组织和策划了大规模对俄情报谋略行动,打乱了俄既定作战部署,有力策应了正面战场作战,被德国威廉二世皇帝赞誉为"明石一人所取得的成果,堪与大山岩统帅的二十万驻中国东北日军相匹敌"[2]。1931年关东军特务机关长土肥原贤二将清朝末代皇帝溥仪挟持到沈阳,次年建立伪"满洲国"分裂中国东北大片领土而名噪一时,之后积功晋升至陆军大将,被誉为"东方劳伦斯"[3]。日本情报机构通过实施谋略活动成功充当了对外扩张的排头兵角色。无论是二战时期的陆军中野学校,还是战后陆上自卫队调查学校和小平学校,都把秘密谋略行动作为间谍和特工培训的必修课程。对情报谋略行动的情有独钟已成为日本情报文化的典型特征之一。

---

[1] 周桂银,段廷志. 日本战略文化论纲[J]. 解放军国际关系学院学报,2008(3):7-8.
[2] [日]大桥武夫. 战略与谋略[M]. 古月,译. 北京:军事译文出版社,1985:20.
[3] 姜子钒. 日本间谍全传[M]. 南京:凤凰出版社,2011:165.

日本传统战略文化实践的冒险性和功利性弱化了情报战略持久对抗能力。日本的情报工作素以连续周密和扎实细致著称,但这主要是对战场和战术情报工作而言。由于民族性格和战略文化具有强烈的进攻性以及受"现场至上"主义的影响,日本的情报工作除了在二战失败之后和"冷战"结束初期采取收缩、防守的路线以外,其他时期均偏重于主动出击。正所谓"善攻者未必善守"。二战期间,日军擅长的都是事先准备充分的以我为主的闪击战和优势进攻作战。无论是在中国战场还是太平洋战场,日军都暴露出一旦闪击和正面进攻受挫,转入战略相持阶段后会陷入被动的弱点。究其原因,在于受传统文化主观唯心主义和实用主义哲学观念的影响,日本人战略上善于把握细节而拙于宏观统揽。容易冲动、偏爱冒险又固执己见的国民性格导致日本人遇到逆境时总是一味靠精神和意志硬抗,无望后要么孤注一掷慷慨赴死,抑或干脆选择实用主义路径认输投降,而很少能通过冷静、客观、理性的分析找出灵活应对之策来摆脱困境。具体表现在情报实践中,就是情报搜集重眼前轻长远和战略持久对抗能力弱。在太平洋战争中后期,在同从实力到技术再到士气都旗鼓相当或更胜一筹的美军全面对抗时,这个弱点更是暴露无遗。无论是无线电秘密破译战、战场预警还是战略情报分析,甚至连日军原本颇为擅长的战术情报工作和反情报工作都完败给美军。战后日本战略情报对抗能力弱的特点依然存在,已成为日本情报文化中难以克服的痼疾。

四、结语

二战结束以后,日本战略文化和情报文化的固有观念和传统并没有因战败而造成大的断裂,反而和战后民主法制化改造中的美国因素混合在一起,呈现出更为复杂多变的新特征。随着"冷战"后新民族主义势力的崛起和新世纪日本追求政治大国和军事大国地位的新国家战略目标确立,日本战略文化再次呈现出从内敛转向扩张的趋势。在此背景下,日本的情报文化亦表现出以下演变趋势:即"正常国家化"诉求下的对外情报加速扩张;分散趋向集中的情报体制改革持续深化;情报与决策的结构性矛盾进一步协调;技术至上思想为主导的情报理念日益凸显;保密性与公开性的政治法律博弈不断加剧;等等。当前日本战略文化的演进将对其情报文化造成哪些具体影响,这些影响进而又将如何改造和作用于当前乃至今后一段时期的日本情报工作,值得我们认真关注和持续深入研究。

参考文献

[1] 川勝平太.文化力——日本の底力[M].ウェッジ,2006.

[2] 大桥武夫.战略与谋略[M].古月,译.北京:军事谊文出版社,1985.

[3] 荒野泰典.日本人のアジア観[M].東京:東京大学出版会,1988.

[4] 姜子钒.日本间谍全传[M].南京:凤凰出版社,2011.

[5] 刘强.论日本国家安全战略调整——基于日本战略文化和战略意愿的视角[J].国际观察,2009(5):45-51.

[6] 森藤一史.山崎益吉・横井小楠と道德哲学[J].高崎大学経済論集,2003,46(1):38-43.

[7] 新渡户稻造.武士道[M].张俊彦,译.北京:商务印书馆,1993.

[8] 赵德宇.西方科学技术初传日本及其历史影响[J].日本学刊,2001(5):95-107.

[9] 周浩,刘强.日本情报文化:源流、特质与影响[J].南京政治学院学报,2017(1):63-70.

日本战略文化的基因及其在
对外政策中的影响

邓 青

摘要:在研究日本安全战略的时候,如果只罗列事实的话,就无法解释战后日本 60 年和平发展的真相,或许还会由于对日本安全战略的发展趋势产生误读与误判,从而导致本可避免的国家间的外交紧张。那么,我们是否可另辟蹊径,从战略文化的视角来研究审视日本的安全战略呢?

关键词:战略文化基因;天皇制;武士道;等级制;机会主义;和平宪法

一、引言

当我们研究一个国家的安全战略时,经常被我们使用的是权力、国家利益和体系结构等新现实主义的理论分析工具,而较少从战略文化的视角来审视一国的安全战略。的确,按照新现实主义理论,很容易解释日本走向军国主义乃至法西斯主义,并对邻国发动侵略战争的动机和原因。按照新现实主义理论范式,国家在功能上是追求效用最优化的无差别实体,而效用一般定义为以能力和资源所代表的权力。因此,只要资源和条件许可,国家的行为就是要不断地扩大其能力,以求在国际体系结构中取得相对有利的地位。国家的战略决策在很大程度上受制于这些非历史、非文化的客观变量,如:地理、能力、威胁,特别是由物质能力分配而构成的国际体系结构。用新现实主义理论来分析日本的国家安全战略问题,在今天的中国学术界非常流行,痛快明了,似乎很能说明问题。就日本安全战略问题来说,例如:日本战后渐进地发展军事力量、不时有右翼势力冒出来否定或美化侵略亚洲国家的历史、当前的自民党谋求修改"和平宪法"、日本政府将自卫队派向海外等种种行为举措,依然是承袭着二战以前军国主义的衣钵。如果任其发展下去,将来日本极有可能还要走向侵略战争。为了预防或警告日本不要轻举妄动,就要对日本不停地口诛笔伐,防止其军国主义死灰复燃。

　　罗列历史事实的归纳分析方法,实际上只是为历史学家提供了编年史的史料,并不完全能对历史发展线索提供清晰的解读,不能从理论上解释历史发展的过程。要理解历史发展的具体过程,必须将历史与逻辑统一起来。不仅要对事物作历史的考察,以揭示其发展过程的内在规律性,洞察历史的发展趋势,还需要在考察中作逻辑分析,撇开若干次要的偶然的细节,把握其本质。在认识事物过程中,只有把历史概括与历史过程结合起来,才能既深刻又具体地理解事物。在研究日本安全战略的时候,如果只罗列事实的话,就无法解释战后日本60年和平发展的真相,或许还会由于对日本安全战略的发展趋势产生误读与误判,从而导致本可避免的国家间的外交紧张。

　　那么,我们是否可另辟蹊径,从战略文化的视角来研究审视日本的安全战略呢?一个有益的启示就是,在第二次世界大战太平洋战争即将结束的时候,美国著名文化人类学家本尼迪克特应美国政府的需要,完成了至今仍然是日本研究者的必读书——《菊与刀》。关于当时美国政府的需要,本尼迪克特写道:"不管是军事上的还是外交上的,也无论是出自最高决策的要求,还是为了在日军前线散布宣传小册子的需要,都必须提出真知灼见。在日本发动的总体战中,我们必须了解的不仅是东京当权者们的动机和目的,不仅是日本的漫长历史,也不仅是经济、军事上的统计资料。我们必须弄清楚的是,日本政府从他们的人民那里能够取得哪些指望?我们必须了解日本人的思维和感情的习惯,以及这些习惯所形成的模式;还必须弄清这些行动、意志背后的制约力。我们必须把美国人采取行动的那些前提暂且抛在一边,并且尽可能不轻率地做出结论,说什么在那种情况下,我们怎样做,日本人也怎样做。"《菊与刀》最大的启示在于,本尼迪克特成功地从日本文化因素来考虑日本的安全战略,并以此成果作为美国对日政策决策的参考因素之一。不过,《菊与刀》中涉及的日本文化因素是否都成为日本战略文化因素,还需要准确定义。

　　那么,什么是战略文化,如何为其定义?战略文化的提法起自20世纪70年代,斯奈德第一次提出"战略文化"术语;接着,关于战略文化经历了20世纪70年代的"决定论"和80年代的"工具论"时期,进入了90年代以来的所谓"干预变量"时期。例如:国外有学者认为,由于战略文化根植于最近的经验,而不是历史,因此战略文化是可以变化的;还有的学者注重理论的检验以及与不同理论的对比,如将结构现实主义、官僚组织理论与战略文化论进行对比。在后"冷战"时期,国外学者们的研究领域更为宽广。最具代表的是以彼得·卡赞斯坦为首的学者们在1996年出版的一本集体著作《国家安全的文化:世界政治中的规范与认同》,进一步确认"战略文化"的内容,把行为规范与国家认同视为影响战略决策的决定性变量。①关于战略文化的定义,本人赞成建构主义学派的观点,即战略文化是指在有关威胁和使用武力问题上,国家行为体所持有的和长期的一套信仰、价值体系和行为习惯。根据建构主义关于战略文化的定义,日本防卫大学在开设的战略学课程中,将战略文化定义为"国家或地区在制定和实施安全保障政策过程中所具有的集团性文化与规范"。

二、日本人的灵魂所系——天皇制

探讨日本的战略文化,首先必须认真研究分析日本的天皇制。天皇制不仅指天皇统治的出现或天皇在统治体制中占有一定的地位,还包括随之建立起来的具有法制保证的统治体制,既明确规定了官制和政体的运行机制,同时还建立了相应的意识形态。天皇制是日本民族的精神支柱,在日本政治文化中处于核心地位,构成了战略文化的主体要素。对于日本人来说,天皇不仅是一种象征,还以等级次序、以上下封闭的纵向系统的方式存在,是一种看不见的束缚。日本人认为,从古至今,日本国家权力性质虽然历经奴隶主政权、封建领主政权和资产阶级政权,但其表现方式始终是天皇制,由此成为日本人宣扬"天皇万世一系"的论据。就连日本思想家竹内好也说过,一草一木里都存在着天皇制。

古代天皇制经历了一个长期的酝酿过程。第一代神武天皇至第十四代仲哀天皇,在日本历史中无法确认,可能是《古事记》及《日本书纪》为了完成从神代到人代的过渡而虚构出来的人物。因此,有着比较真实存在依据的第十五代应神天皇,应该是号称"万世一系"的日本天皇的真正祖先。

第一个使用"天皇"称号的是在6世纪末推古朝圣德太子摄政期间,他在给隋炀帝的国书中写道"东天皇敬白西皇帝",曾引起隋炀帝的怒火。孝德天皇统治的大化年间,改革派进行了历经三代的大化革新之后,日本天皇制进入了为期不长的一段鼎盛时期。可是自藤原氏政权开始,经历平氏政权、镰仓幕府、室町幕府、丰臣政权、江户德川幕府,天皇大权旁落持续了1000年左右,直到江户幕府灭亡,政权才被奉还给天皇。

1853年,随着佩里舰队的到来,日本闭锁的国门被敲开。日本国内倒幕派蜂拥而起,1868年1月,经过王政复古后,孝明天皇之子睦仁继承皇位,旧历九月十一日改年号为"明治"。从此,天皇重新回到国家政治舞台的中心,并于1868年10月开始了资产阶级改革——明治维新。明治维新以后的日本,全力模仿西方列强,也发展成为帝国主义列

---

① 方长平.西方战略文化研究:从文化主义到建构主义[J].国际论坛,2004(3).

强之一,并最终走上军国主义道路。1926年,裕仁天皇登基,改年号"昭和"。昭和初期,日本军国主义大规模展开侵略扩张。1931年(昭和五年)秋,"九·一八"事变爆发,日军侵占我国东北。1937年(昭和十二年)7月7日,日军挑起"卢沟桥事变",发动全面侵华战争,抗日战争全面爆发。1941年(昭和十六年),日军偷袭珍珠港,太平洋战争爆发。这一系列战争,给中国、朝鲜、东南亚以及太平洋地区的人民带来地狱般的灾难,同时,日本人民也承受着战争的苦难。因此,昭和天皇裕仁对这一系列战争的发动负有不可推卸的责任。

1945年(昭和二十年)8月15日,日军战败投降。美军占领日本,改日本专制天皇制为君主立宪制,天皇作为日本的象征被保留下来。1989年1月7日,昭和天皇去世,前半段伴随着战争的阴影,后半段构建了日本繁荣基础的昭和时代降下了帷幕。同日,明仁天皇继位,改年号"平成"。

纵览日本天皇制的发展,初步得出以下基本结论:

1. 天皇制是日本传统的历史信仰在中国先进的文化催化下产生的,在古代和近代天皇制中,天皇是现人神,日本是天皇居住的神国,日本人也是半神半人。

逻辑历史学认为:每种独特的历史必然内含独特的历史信仰。历史信仰承诺历史的终极合理性,这种承诺担保历史的终极正义性。不同历史的信仰只是承诺终极信仰方式的不同,不同的历史就是不同的承诺终极信仰的形式。日本历史的信仰逻辑,以逻辑的方式承诺日本历史的终极合理性,并自然推出天皇与神平等立约的结论。神在日本历史中降格为所承诺对象的对象。终极信仰在日本历史中具现为现世的天皇信仰。①

日本在建立了天皇信仰的神国体系之后,还需建立起法制保证的统治体系,即明确规定官制、政体运行机制和相应的意识形态。而支持古代天皇制的最终形成,是与中国隋唐时代先进的封建文化和政治制度的影响是分不开的。自推古女皇和圣德太子改大王为天皇称谓之后,推古朝通过制定"冠位十二阶制度"和《十七条宪法》等,在意识形态上大力宣扬了王权,从中国的儒家、佛家经典中找到"王权神授""王道思想"的理论依据,并与日本传统的原始信仰相结合,形成了国家最高统治者天皇的精神支柱。《十七条宪法》规定了天皇是天照大神的后裔,天皇是天照大神在人间的代表,天皇本人也是神,除了与天照大神有着血统渊源的皇室成员之外,其他任何人都与皇位无缘。

关于古代天皇制的精神支柱,日本思想史家石田一良有一段精辟的论述:"所谓古代帝国的天皇观的意识结构体,打个比方说,则呈现着好像是世界宗教的万神殿一般的光景。似乎可以说,这座万神殿是两层楼的建筑,一楼里,日本固有神道的神,手持《古事

---

① 查常平. 日本历史的信仰逻辑[M]. 成都:四川人民出版社,1995.

记》《日本书纪》在阐述神孙为君的大王观。二楼的一个房间里,中国的天帝,手持《孝经》和《论语》在阐述有德为君的天子观。在二楼的另一个房间,印度传来的释迦如来,拿着《金光明经》在阐述十善为君的国王观。由于神道、佛教、儒教这三教的意识形态的联合及其任务分担,日本的古代帝国和古代天皇受到了护卫。"[1]从此,日本政治便与超越自身的宗教世界相结合,使权力神圣化,从法律上保障了天皇万世一主的神圣地位。8世纪初制定的《大宝律令》和《养老律令》,将中国先进的律令制度与日本传统的祭祀制及村落体制协调融合,最终形成了古代天皇制。明治维新后,《大日本帝国宪法》则确立了近代天皇制。近代天皇制的三权分立不同于西方国家的三权分立,是内阁、议会、军部各自为政,分别向天皇负责。明治宪法规定:大日本帝国由万世一系之天皇统治之,天皇神圣不可侵犯,为国家元首,总揽统治权,天皇掌握国家的一切最高权力,即天皇处在国家权力结构的中心。

2. 在天皇制的千年发展过程中,天皇大部分时间是"虚君",不掌握实际的最高权力。

在古代天皇制的发展过程中,日本的政体形式经历过天皇亲政,摄政关白政治,院政体制、南北朝和战国时期的二元、三元政治以及幕府将军政治。除了天皇亲政、变相亲政的院政体制和太子摄政体制之外,天皇大部分时期成为"虚君"。其主要原因是神道成为国家宗教,并被确立为一种政治制度。神道主张"神皇一致""祭政一致",神化了天皇,使人们相信天皇是现人神。天皇虽有治理国家的使命,但不能因具体的烦琐政务而劳神伤智。如果臣属因具体事务让天皇劳心,就是对天皇"不恭",对神"亵渎"。在日本神道发展过程中,中国道教"无为而治"的思想对天皇的存在方式影响很大。同时,鉴于592年崇峻天皇因欲掌权而被大臣所杀的教训,后人多以此为鉴,不主张天皇干政。

在长达近700年的幕府统治过程中,历代幕府将军需要维护天皇是天照大神后裔的神话,借以抬高自己的地位,增加将军的权威性。就像中国皇帝要靠宗教神化自己是"天子"以加强统治一样,幕府将军也要通过"万世一系"的神的后代授予"征夷大将军"称号这种宗教般的仪式,表明幕府政权的合法性和崇高性。"天皇代天神弘天业,幕府佐天朝御天下"。在幕府约千年的统治中,天皇只是作为宗教象征而存在。

二战后,日本颁布了《日本国宪法》,确立了象征天皇制。新宪法第一条规定:"天皇是日本国的象征,是日本国民整体的象征,其地位,以主权所在的全体日本国民的意志为依据。"明治以来的近代天皇制发生了根本变化,天皇的神圣性被彻底否定,由"神"变成"人",丧失了"一国一家"的家长式特性,天皇只有新宪法规定的"国事行为",成为没有政治实权的国家象征。

---

[1] 王金林. 日本天皇制及其精神结构[M]. 天津:天津人民出版社,2001:35—36.

3. 在发生事关日本国家命运的关键时期,天皇总是被抬出来并发挥无法替代的作用。

在日本国家发展史上,有三个时期事关日本国运,这三个时期的重要标志就是日本历史上三次划时代的改革,即大化革新、明治维新和战后改革。

所谓事关日本国运的三个历史时期,即日本面临强大外来压力的三个重要时期。公元7世纪大化革新时期,日本外来的压力和影响来自中国,来自当时世界上最先进的隋唐封建帝国。当时的中国不仅封建政治制度和农业经济比日本发达进步,而且还有强大的武装力量,它要求与周围国家通商贸易,迫使邻国接受中国的"保护"和"封位",并要求向中国纳贡效忠。当时以孝德天皇、中大兄皇子为核心的新政府,一举进行社会大改革,使日本历史出现飞跃式发展。其后,天智天皇、天武天皇直至文武天皇采取了诸项措施,不仅在国内确立了古代天皇制,还与中国建立了和平友好的外交关系,全面移植了中国法制、典章以及社会思想,日本摆脱了奴隶制束缚,开始走上全面汉化的封建社会。

明治维新时期,日本外来压力愈发加大,幕藩体制已腐朽之极,日本陷入全面的内外交困时期。而此时,长期以来受到幕府冷落的天皇和朝廷重新成为日本国内各种政治力量注目的中心,"尊王攘夷"思想几乎囊括了各个阶层不同的政治目的和利益,成为最容易被广大群众接受的思想。由资产阶级化的武士、贵族和大商人出身的开明政治家组成的新兴资产阶级领导集团,主要代表人物有西乡隆盛、大久保利通、高杉晋作、桂小五郎(木户孝允)、坂本龙马、岩仓具视、三条实美、伊藤博文、井上馨、大隈重信等等,打着"王政复古"的旗号,树立了天皇神统的形象,建立和完善了中央集权国家机构,实行了殖产兴业、文明开化、富国强兵三大政策,从经济、教育、军事、政治等方面进行了彻底改革,促使日本建立起近代经济体制,确立了日本近代天皇制的资本主义统治。由于宪法赋予天皇是最高统帅、陆海军大元帅,拥有统率军队的大权,所以天皇和皇族都被军人化了,日本国的军队也成为"皇军",要绝对尊崇天皇,服从天皇大元帅的统率,一心一意为天皇卖命,天皇成为日本军队的灵魂。

战后改革时期,日本面临的压力是被占领军强加的,而且必须执行占领军的命令。在占领军的指导和监督下,日本历届政府继续着资产阶级的改革,确立了资产阶级政党内阁制政体——象征天皇制,从而保留了天皇。

在日本战后初期,天皇制的存废是一个大问题。但是,美国最终保留了天皇。其主要原因,我们可参考当时美国驻日大使、后来担任副国务卿格鲁的观点。格鲁保留日本天皇的观点是:(1) 根据长期的对日经验,确信天皇是和平和秩序的象征;(2) 能够使日本结束战争的人物只有天皇;(3) 消灭在中国大陆和南方各地区的大约300万日军,需要进行长期且大量牺牲的战斗才能实现,而若让天皇发布诏敕,命令日军放下武器,就能拯救数十万美军士兵的生命;(4)若声明废除天皇制,则会招致日本人的仇恨心,即使占领日本也会发生混乱;(5)日本不可能实行民主主义,它既不适应于日本,又无良好的机制。格鲁的观点被美国政府采纳。美国政府和盟军总司令希望保留没有权力而有权威的天皇,对日实行"间接统治"。麦克阿瑟保护天皇的主要措施是促使天皇自动走下神坛,由"神"变成人,以缓和严厉的国际舆论,同时竭力淡化天皇的战争责任。不过,昭和天皇本人曾对麦克阿瑟表示过要承担全部战争责任。1946年1月1日,日本公布了昭和天皇以诏书形式发布的《人的宣言》,在天皇史上第一次向日本国民申明天皇是人不是神。之后不久,昭和天皇便开始进行亲近国民的地方巡视活动,获得了日本国民的敬仰和好感,激励了日本国民努力工作来重建家园,显示了天皇制在日本民众中的威望。

经过战后60年的和平发展,日本国民对天皇和皇室的感情成为战后天皇制的精神支柱,在日本社会的主体——中产阶层看来,象征天皇制是保持社会稳定的基础。在日本成为世界经济大国的今天,日本民众从更高的文化层次上加深了对天皇、天皇制与日本命运关系的认识,从而稳固和支持了天皇制。

三、基于集团主义的主从等级秩序

源于日本民族文化传统,特别是建立在集团主义基础之上的主从等级秩序观念,对日本战略文化的形成与发展起着潜移默化的作用,构成了日本战略文化的重要组成部分。

在行为方式上,日本人与中国人和西方人最大的不同莫过于喜欢合群和重视集团共同行动。在思维方式上,日本人具有强烈的集团归属意识,时时意识到自己属于集团一员,总是自觉地把自己纳入集体之中。一位西方评论家曾说过,日本人就像池中的一群小鱼,秩序井然地朝着一个方向游动,直到一块石子投入水中,搅乱了这个队列,它们就转变方向朝相反的方向游去,但仍然队列整齐,成群游动。在日本人的观念中,集团对其成员来讲是第一位的存在,维护和追求集团的现实利益是集团一切活动的中心。集团利益优先是日本社会的前提,集团的目标、评价和习惯成为每个成员行动的标准和依据,凡是与此不符合的思想和行动都会受到压制甚至取缔。如果个人由于某种原因被排挤出集团之外,就会处处碰壁,寸步难行。日本集团主义的根源在于日本传统的稻作农业和深受中国文化影响的日本家族主义以及武士对藩的归属意识。

日本在成立近代中央集权国家之后,经过统治阶级的教育灌输,日本民众的集团归属意识指向了天皇和国家,表现为对天皇制国家的效忠和献身。集团主义发展的最终归宿是所谓"忠君爱国",就是在"国家至上"的信念引导下,抑制和放弃自我、无条件地服从天皇和国家。在日本发动的一系列对外战争中,集团主义的变种——剥夺自我、抹杀人性的军国主义被作为军人思想教化的工具,造就了无数愚昧、狂热的军人。在狂热代替了理性的时代,许多人抱着"作为皇国民应生死一贯扶翼无穷之皇运""七生报国、一死心坚"的信念,喊着"天皇陛下万岁"的口号而丧命战场。不能不承认近代日本在国民动员方面的成功——这种成功不是凭借一时的宣传与说教,而是源于长期的集团主义熏陶所养成的牺牲精神与惟命是从精神。只是这种成功越显赫,它给被侵略国家造成的伤害就越大,其自身的失败也就越惨重。

强烈的集团主义意识致使许多日本人至今不能深刻反省当年的侵略战争。对于强调集体观念、认同等级制度、恩义大于是非善恶的日本人来说,战争中的杀人行为不过是执行上级命令而已,很难产生深深的道义负疚感。在他们看来:在战场上建功立业是日本人自古以来追求武士道精神的最高境界,牺牲个体而为整体民族利益服务是无上光荣的。许多日本人至今仍然认为:当年的战争不是个别人发动的,而是全民族的集体行动,不应怪罪某个人。日本人"独特的"集团主义不仅为战争罪犯开脱罪责提供"道义"依据,也为军国主义思潮的死灰复燃培植了思想根基。日本的集团主义如不能加以正确引导,将会重新酿成狭隘的民族主义,一旦被利用,恐怕又将给世界和平与安宁带来威胁。

日本社会集团内部呈现出"金字塔型"的主从关系结构,日本社会人类学家中根千枝将其称为"纵式社会"或"纵式结构"。例如亲子关系、主从关系、师生关系、上下级关系都是这种结构的反映。在"金字塔型"的主从关系结构中,居上位者既是上位者同时与他人又是平等的,居下位者既是下位者同时与他人也是平等的。同一集团内部,相互关系是不完全的上下支配关系。大集团与内部各小集团之间是垂直的主从关系结构,但各小集团之间的地位是平等的。集团内部重视协调,但不同集团之间则强调内外有别,形成竞争关系。例如:在明治宪法体制下,日本陆军部和海军部这两个集团分别与天皇构成主从关系,但是陆军部和海军部之间却一直存在严重的竞争关系。直到太平洋战争后期,日本海军在接连战败的情况下,向以陆军官僚为主组成的大本营上报战况时,仍冠名为"捷一号""捷二号"等虚假战况上报,加速了日军的失败。陆军部和海军部都是将本集团利益置于国家利益之上的。

于是,在以"亲子关系"构成的日本社会中,权威就成了一种强烈的黏合剂,如同一家之长的地位在家族中不可替代一样。这种权威是凭借"家长"(集团领导)的身份和家族成员之间自然的恩爱关系树立起来的,既有尊严性,又有恩情联系,具体表现就是上层的恩情与保护和下层的报恩与忠诚。集团的权力者可以更迭变换,但权威的存在具有相当的稳定性。服从权威是日本社会运转的基础,但权威并不是被某种力量强加的,而是人们在长期的、纵式结构的集团社会生活中形成的一种特有的思维方式。在日本历史上,天皇一直作为最高家长居于日本社会的顶端,其地位具有不可动摇的合理性。在绝大多数场合下,天皇不是作为权力的代表,而是作为最高权威的象征而存在。尽管在幕府时代天皇已经失去对国家的控制权,幕府将军取代天皇不过是举手之劳,但是他们从未触动过天皇"万世一系"的根基,相反,却无一例外地借助天皇的权威以证实自己存在的合法性。对于普通民众来说,皇室就是"公",服从其统治就是"奉公"。

对于国际关系问题,日本人也是以"金字塔型"的主从关系结构来看待的。16世纪末的丰臣秀吉,不但自称"四海蒙威",敦促吕宋朝贡,还发动征伐朝鲜的战争,试图直捣大明国,迁都北京。德川幕府锁国期间,日本谋求摆脱中国主导的华夷体系,试图建立一个以日本为中心的"华夷秩序"。当时的日本统治集团借助日本社会发展成熟的主从关系这种等级秩序,批判地吸收了中国儒家思想,提出了日本主义。针对中国汉王朝被清王朝取代,他们提出中国清王朝是"夷"不是"华",日本应该成为华夷秩序的中心,高踞国际等级制金字塔的顶端。到了近代,日本在颁布《大日本帝国宪法》之后,政府紧接着颁布了以儒学思想为指导的《教育敕语》和《民法》,强调忠君爱国思想。甲午战争和日俄战争的胜利大大提升了日本民族的优越意识。但是,从1931年的"九一八事变"到1945年太平洋战争战败期间,日本强烈的民族意识和排外心理被政府和军部利用,发展成为狂热的同仇敌忾的集团性排外精神。当时的日本人认为:只要各国拥有绝对主权,世界上的无政府状态就不会终结。日本必须为建立等级秩序而战斗。这一秩序的领导者只能是日本,因为只有日本是唯一真心建立起自上而下等级秩序的国家①。在"从白人手中解放亚洲""大和民族的历史使命"等宣传口号下,日本政府和军部动员国民"挺身奔赴战场为国捐躯",支持"大东亚战争",意图建立以日本为霸主的"王道乐土"。

四、被异化的武士道精神

在漫长的封建武士专政的幕府时代,武士道逐渐成为武士阶级乃至日本民众的意识形态。武士道是在吸收了日本本土的神道、中国的儒家和佛家思想基础上而逐步形成的。日本的神道教诲武士忠于主君、尊敬祖先;佛教特别是禅宗,赋予武士以平静地听凭命运安排的内涵,对不可避免的事情要恬静地服从,并为武士道提供了以死尽忠的修行体系;为稳定社会秩序,武士道精神中加入了中国儒家的仁、义、礼、智、信等人伦五常观念,倡导忠诚、信义、廉耻、尚武、名誉、廉洁、勤学等道德教义。一言蔽之,武士道最根本的精神就是看透了死亡,以"死的坚决"和"死的觉悟"为根

---

① [美]鲁思·本尼迪克特. 菊与刀[M]. 北京:商务印书馆,2000:15.

本。这种思想是儒家"士道"精神的一种反动。因为儒家的"士道"精神讲究君臣之道,讲究"君臣义合""父子天合"的人伦观念,但武士道是以为主君不怕死、不要命的觉悟为根本。

到了近代,日本武士道开始发生异化,并在日益法西斯化的军队中找到了安身立命之所,成为日本帝国主义侵略扩张的工具。其异化的主要表现在于效忠的对象由各自的主君转为天皇。在天皇就是国家,国家就是天皇的体制下,"忠君爱国"成为武士道的核心。在产业界,日本商人为了效忠天皇,提出了"士魂商才"的口号,即产业界应该在"忠君爱国"的"义"的指导下追求"利",把民族独立和国家富强作为资本主义经营的最高原则。而在军队,传统武士道的杀人与战争之道则成为军国主义者的济世秘诀。在社会上,武士的道德升格为国民的道德。日本统治阶级通过颁发《军人敕谕》和《教育敕语》,把武士道精神灌输给每一个军人和国民,武士道精神成为日本明治时代的精神,武士道的道德成为日本国民的道德。

近代武士道之所以在日本军国主义发动战争的年代成为人类历史上最具危险性的战争之道、杀人之道和侵略之道。其原因在于:第一,武士道嗜杀成性、穷兵黩武的军国主义精神自始就不是单纯的信仰,而是一种必须身体力行的实践道德,是铭刻在心灵深处的法典,以无条件的效忠和绝对服从军国主义基本国策为核心,以无私献身于军国主义战争为最高义务和最终行为,以为主君、为天皇的军国主义方针政策牺牲生命为人生的理想归宿。第二,受武士道崇尚战争、信奉军国主义正邪善恶和思维定式支配的,从来就不是无权无势、无足轻重的在野狂人,而是所谓的社会精英,是左右国家大政方针的政界、军界和财界首脑。因而,军国主义的思想、观念和战略可以直接转化为现实的军国主义行动。第三,明治政府的"全体国民武士化、武士道的全民化"政策,导致整个日本国民深受武士道军国主义思维方式与行为方式的影响和支配。第四,"武士道的法则就是弱肉强食",奉行极端的利己主义原则。①

历经千年漫长岁月积淀下来的武士道精神,是大和民族历史创造活动的产物和日本文化的精髓,世代相传、经久不衰,早已成为传统、成为习惯,渗入日本人的每一个细胞,支配日本人的思想和行动,它不会仅仅因为日本在二战中的失败一夜之间就烟消云散。②

五、追求强权的机会主义

日本民族有着强烈的危机意识,不甘落后。通观日本历史,当日本民族面临着空前

---

① 蒋立峰,汤重南.日本军国主义论:上[M].石家庄:河北人民出版社,2005:128.
② 蒋立峰,汤重南.日本军国主义论:上[M].石家庄:河北人民出版社,2005:128.

危机的时刻,其敏感的危机意识神经总会被深深触动,并产生剧烈反应。历史地看,出于对等级、身份地位的高度敏感,日本为获得与同时代大国平起平坐的国际地位,会不惜一切代价去追求强权。在此过程中,其国家安全政策呈现出非常现实的机会主义特征。

日本近代启蒙思想家中江兆民说过:"日本没有哲学。""没有哲学的人民,不论做什么事情,都没有深沉和远大的抱负,而不免流于浅薄;没有独创的哲学会降低一个国家的品格和地位。"日本缺少深厚的哲学土壤,再加上日本传统文化中的多元性与功利性,使得日本人在追求集团与国家利益的同时,可以牺牲掉传统的知识、价值观和行为方式。如7世纪时,大唐帝国咄咄逼人,新罗又统一了朝鲜,日本民族精神尚未成形。可是日本却模仿唐朝实施大化革新,建立起以儒家文化为官方意识形态的天皇制政府。直到19世纪,日本始终在不断吸收国外最先进的文化,虽然降低了民族自尊,但是为谋求国际地位,日本认为只有采取务实的民族主义,才能够自立于世界。但是,到了近代,日本为恢复国家独立进行的工业化反而促使其对外部世界的依赖程度日益加深,成为世界上最大的原料进口国。为克服经济上的脆弱性,日本选择了战争之路,结果却没有实现其既定目标。

为适应日本自身无法控制的国际环境,日本的国家战略不断地进行机会主义式的调整。19世纪,当西方国家把一个个不平等条约强加于东亚国家,日本学会了使用帝国主义手段,通过与强者为伍,借用他人力量,与战略对手抗衡。自"开国"以来,日本不断通过寻找可以依靠的强者来征服或遏制敌手。在日本近现代史上,曾形成日英同盟、日英美法四国条约、日德意同盟和日美同盟。其中持续时间最长的是日美同盟,至今已有60多年;其次是日英同盟,在历史上前后持续了约20年;而日英美法四国条约、日德意同盟是第一次世界大战和第二次世界大战时合纵联横的体现,持续时间相对较短。依靠强者使日本获得了巨大的战略利益,日本也由此形成了依强抗强,恃强欺弱的联盟战略思维。

日本人在对外关系中更多的是根据自身需求,以"于我有利""为我所用"的原则来处理国际关系。当对自己有用时就利用或借助对方;当对自己没用时,就有可能视若陌人,甚至反目为仇。当日本自己力量不足时,总会想方设法借助强者的力量来对付敌人;当自己力量壮大、羽翼丰满后,就会趾高气扬,可能与昔日的盟友翻脸,为了自己的利益,甚至不惜与多年的宿敌联手。在日俄战争中,日本与西方列强英国结盟以对付俄国,并借助英国力量,一举打败了老牌帝国俄国。1905年战胜俄国后,日本的侵略目光开始转向清王朝,此时英美成了日本向中国扩张势力的拦路虎。为达到侵略中国的目的,日本于1907年同昔日手下败将俄国签订密约,联手对抗英美;二战结束后,日本又投进美国怀抱,结成日美同盟。当日本经济实力壮大,发展成为世界第二经济大国后,日本又变得底气十足,敢在美国面前说"不",要求与美国平起平坐。冷战中后期,日本发展与东南亚和中国的关系既是发展经济的需要,也是出于抗衡苏联的战略需要。日本历史上的种种战略现象表明,对于日本来说,为了自身利益的需要,昨日的盟友可能变为今天的对手,昔日的对手也可能成为今天的盟友。如此奉行见风使舵、唯利是图、依附强权的实用主义信条的国家,实属罕见。日本高坂正尧教授说,日本是个自然形成的单一民族国家。日本从不认为一个国家可以由共同意愿和一纸契约而形成。日本的存在,不管是过去还是将来,都与人民的意愿和行为无关。因此,规章制度被认为是自然产生的,而不是人为制定的。可想而知,这种看法的必然结论就是,日本人的任务是对国际局势作明智的调整以谋求本国利益,不必改变现状,不必创造什么神秘的体系。

六、"和为贵"的思想

在日本的战略文化内涵中,不能忽视或者漠视"和为贵"的思想。在日本民族的特性中,过剩的危机意识导致的竞争因素的确很强,但是执政者对其正确的引导更为重要。日本民族在近代化的尝试过程中为军国主义所利用,走了约50年的弯路,给亚洲邻国造成了巨大的伤害,也几乎葬送了整个大和民族。但是应该看到,在日本历史发展的长河之中,在战后60年的发展过程之中,日本选择的道路主要还是一条和平发展的路线。较能反映这种和平发展路线的就是日本提出了国家安全战略——综合安全保障战略。日本在20世纪70代末80年代初期,正式提出以"和平战略为基本"的综合安全保障战略来确保其自身安全。"综合安全保障,是要通过外交、经济、防卫等多种政策的综合实施来确保安全。这些手段是相互补充的,不是直接替代的。"[①]综合安全发展战略追求的国家安全是具有长期战略意义的综合安全,其精髓在于"日本的防务必须在广阔的全球战略中,将政治、经济、科技,共产圈和自由世界,美、苏、中、西欧和发展中国家的意图全部都包括进去,并在错综复杂的竞赛关系的结构上加以统筹研究"[②]。在该理论指导下,日本在80年代至90年代初的综合安全保障战略实践可概括为:通过积极的外交努力,建立和平稳定的国际环境,发挥与日本的国际地位相适应的政治、经济作用;确保日美安全保障体制的有效性和推进日美安全合作,加强自身的军事力量建设,积极推进国际裁军和军备控制;保障经济安全,维护自由贸易体制,扩大经济合作;促进科学技术的研究发展,

---

① [日]和平问题研究会.国际国家日本的综合安全保障政策[M].大藏省印刷局 1984:9.
② [日]中曾根康弘.新保守理论[M].北京:世界知识出版社,1984:131.

推进文化领域内的国际合作①。

两极体制瓦解后,随着日本在国际政治舞台活动空间的逐渐增大,日本仍然在具体实施着综合安全保障战略。1994年8月,日本首相私人咨询机构"防卫问题恳谈会"向村山富市首相提交了一份题为《日本安全保障及其武装力量发展方向——21世纪的展望》的报告,全面阐述了新时期日本的国家安全战略,形成了现行综合安全保障战略的主要框架。报告认为,综合安全保障战略的实质是运用政治、经济、军事、外交、科技、文化等多种手段保障国家的安全利益,其中经济和科技实力既是发展对外关系的关键因素,也是稳固国防的根本基础。目前,阻碍日本经济发展的主要因素是落后的经济政策和不合理的经济体制,为此,日本采取了一系列措施。例如:推行包括行政和财政改革、产业和就业结构改革、扩大内需、贸易体制改革等一系列改革,恢复和增强经济活力;加速在亚太地区建立经济"后院",增强经济持续、稳定发展的后劲,为日本21世纪的发展和掌握世界经济的主导权奠定坚实基础;坚持科技立国方针,增加科学教育投资,加强基础科学研究,重视人才培养,促进国际合作,使日本经济"从大众机械文明向知识信息文明、从模仿经济向独创经济、从满足物质需求经济向满足复合需求经济的方向转变"。尽管报告仍然强调军事力量是解决各种争端和保障国家安全的"最终手段",但军事力量毕竟不是保障国家安全的唯一手段,代表着日本国家安全战略的综合安全保障战略也毕竟不是以军事力量为主要手段来保障日本的安全利益的。

实际上,在日本历史发展的长河中,"和为贵"的思想是有其基础的。日本建立古代天皇制之初,圣德太子颁布的《十七条宪法》第一条就明确规定:所有共同社会的首要原则是"和"。日本社会以"和"为基础,任何人不得在社会共同体内部建立旨在反对他人的派别集团。为了作出全体社会一致期待并认同的正当决定,讨论问题时应心平气和。第十条和第十七条中宣布,必须排除独裁制,为了实现社会内部的"和",各级首领在重大的事情上必须听取公众意见,以便民主地作出决定②。自此,"和为贵"思想成为日本社会的基本原则,从政治层面影响到社会民众生活层面。虽然圣德太子对朝鲜采取强硬态度,结果不仅失去了日本当时在朝鲜的殖民地,日本的国家威信也严重受损。可是,其后日本却开始全方位地学习移植中国大陆的先进文化。这种情况与16世纪末丰臣秀吉远征朝鲜失败之后,日本通过锁国来吸收消化中国大陆的先进文化、塑造日本的文化,以及二战后日本通过学习美国的先进科技文明,迅速发展成为和平的经济大国,都有着惊人的相似。

---

① 军事科学院外国军事研究部.日本军事基本情况[M].北京:军事科学出版社,1998:34.
② 森岛通夫.透视日本兴与衰的怪圈[M].天津编译中心,译.北京:中国财政经济出版社,2000:28.

二战结束后,和平主义思潮在日本国民中影响极大,从20世纪50年代至70年代,和平主义思想深入人心。第二次世界大战造成的灾难给日本人心理上造成强烈的震撼,在美国占领军明确提出要铲除天皇制意识形态和军国主义思想的催化下,日本社会的价值体系在一夜之间发生180度大转弯,"非军事化"和"民主化"的和平主义思想迅速全面地向社会渗透。日本国民反对日美军事同盟,反对日美军事安全条约,反对右翼势力为二战侵略的历史翻案,维护"和平宪法"。特别是围绕反对日美新安保条约的斗争,达到了战后和平主义的顶峰。[①] 虽然自70年代起,日本的新民族主义思潮开始愈演愈烈,但是战后和平主义思潮培育的反对战争、热爱和平的思想已经扎根于日本国民的心灵深处。和平主义思潮的载体是广大的普通国民、劳动大众和知识分子,而新民族主义思潮的载体则是统治阶层及其支持者。当前,日本国民越来越远离国家政治,捍卫着战后和平发展带来的安全而高水准的生活,他们的心理求稳惧变,趋于保守。所以,和平主义思想将在今后很长一个时期内将继续发挥着作用。

---

① 高增杰.日本的社会思潮与国民情绪[M].北京:北京大学出版社,2001:144.

"集团本位主义"对日本情报工作的影响

罗卫萍

摘要：日本社会是以集团为单位的"纵式社会"，日本人的价值观也是以集团为基准的"集团本位主义"。这种日本式集团主义对情报工作的影响主要体现在：一方面，集团内部的高度一致增加了发生"团体迷思"的风险；另一方面，集团之间的激烈竞争使情报工作缺乏管理与协调。

关键词：日本；集团本位主义；情报工作

以集团为本位的价值取向是日本文化中的一大突出特征。与其他亚洲国家不同，日本式集团主义或曰"集团本位主义"具有对内高度求"和"和对外强烈排"他"的双重性质。作为日本国民心理构造的重要组成部分，集团本位主义对日本情报工作的诸多方面，如情报观念、情报体制等，都具有持续、深远的影响。

一、"集团本位主义"

美国心理学家哈利·托里安迪斯在收集和分析有关世界各国的人与人之间关系的研究成果的基础上，提出了"世界的社会可大致分为个人主义的社会和集体主义的社会"的结论。[①] 其研究发现，欧美等西方国家个人主义倾向较强，而中国、日本、韩国等亚洲国家则大多属于集体主义社会。在亚洲国家中，日本社会的集体主义——日语为"集团主義(集団主义)"倾向尤为突出，成为日本文化最具代表性的特征之一。

日本的集团主义也被称作"集团本位主义"或"集团志向性"，意即以集团作为一切行动的出发点和指向。日本人最害怕自己与其他人不一样，担心被孤立。只有置身于某一

---

① 冯昭奎.日本经济改革的进展与问题[J].日本研究,2007(1):8.

集团或者潮流当中时,日本人才会心安理得,才能得到别人的尊重。只有将自己全部融入集团之中,他们才能找到自己的位置和价值。日本文化学家加藤周一指出,日本文化本质上是一种世俗文化,其特点就是没有抽象的、概括的形而上学体系,不存在超越现实生活的绝对的价值,比如儒教的"天"、基督教的"上帝"。对于被高度纳入各种"集团"的日本人来说,所谓世界就是集团,集团就是一切。日本人的集团属性甚至"比死还强",死后的世界只不过是集团的延长。个人不能在集团的利益面前表明自我,"超越集团的价值决不会占支配地位"。加藤周一还归纳了日本式集团主义的四大特征:一是协调一致,以大家行为一致为理想;二是排斥不同意见,集团内部存在少数意见会被视为"不幸的事故";三是"垂直"秩序,集团内部的结构常常是由严格的上下关系构成,每个成员都必须"各安其所,各就其位";四是竞争,日本的集团具有激烈的竞争性,这是日本社会有别于其他亚洲社会的重要特征之一。①

可见,日本的集团具有极强的封闭性,内部与外部的区别非常明显。日本文化中的"集团本位主义"也因而具有了双重含义:对内,追求高度的一致和稳定,强调集团的整体感和认同感;对外,展开激烈斗争,表现出极端的排他性和孤立感。这种以集团为本位的价值取向对日本人的世界观、伦理观都产生了极大的影响,使其时刻处于既团结又斗争、既盲目从众又自私自利的矛盾之中。例如:在国际政治中,日本的政治指导者们总是积极谋求与他国建立联盟,以摆脱孤立感;然而另一方面,日本又时刻不忘强调本国文化的独特性和国家利益高于一切,这种极端民族主义和"国家至上主义"使日本不可避免地成为国际社会的"孤儿"和异类。

二、"集团本位主义"对日本情报工作的影响

日本式集团主义的双重性一方面使日本情报人员倾向于与其他成员尤其是上级保持一致,尽量不发表不同意见;另一方面也使得情报人员和情报机构之间的竞争异常激烈,相互缺乏合作。

1. 对内过分追求一致,极易引发"团体迷思"

情报分析不只是一个简单的个体思维问题,还与情报人员所处的机构及该机构的传统习惯密切相关。② 如果说在个体层面,导致情报失误的原因主要是认知心理,那么在群体层面,"团体迷思(Group Think)"则是一个不可忽略的重要因素。在以"集团本位"为

---

① [日]加藤周一. 日本文化论[M]. 叶渭渠,等译. 北京:光明日报出版社,2000:240-247.
② 张长军. 美国情报失误研究[M]. 北京:军事科学出版社,2006:105.

基本准则的日本社会,团体把主流认识强加于所有成员的倾向更为明显,"团体迷思"对于情报工作尤其是情报分析工作的负面影响也更加严重。

"团体迷思"是一种特殊的社会心理现象和思维方式,是指"具有高度内聚力的集团内部成员为了达成一致性,势必要压抑或者放弃某种客观务实的立场,从而否定了其他可能的选择方案,最终造成错误的决策"①。"团体迷思"的概念最早由美国心理学家欧文·詹尼斯提出,詹尼斯认为,小型团体的成员经常有一种认为自己是无懈可击的幻觉,他们相互鼓励以增强自信,以至于当他们遇到与自己的假设相抵触的信息或警告时也会置之不理。他们批评并拒绝那些与团体的估计和判断不一致的观点,认为持反对和怀疑态度成员的沉默就意味着团体思考已经达成一致。诱发"团体迷思"的因素包括:群体高度的凝聚力、命令式的领导方式、群体成员背景和价值观相似、外部压力及时间压力等。与单个情报人员的分析失误相比,整个情报机构的"团体迷思"后果更为严重。它不仅会限制政策选择的范围,降低政策选择的质量,而且会影响对既定选择的风险评估以及对所有替代方案的全面研究。负责调查"9·11"恐怖袭击事件以及伊拉克战争情报失误的专门委员会在其报告中都指出,美国之所以出现了上述重大失误主要应归因于中情局的"团体迷思"。

崇尚个人自由主义的美国尚且如此,那么以"集团主义"闻名的日本无疑更加容易陷入"团体迷思"的误区。日本社会学家中根千枝认为,日本的"社会构造"②是一种"纵式社会",日本人较之"资格"更重视"场",也就是团体③。如:日本人向他人做自我介绍时,总是先说自己是哪个企业的,然后才说自己从事哪种职业。在通过"场"将不同"资格"(实际上具有不同利益)的人组成团体的纵式社会里,为强化团体的机能,必须加强团体成员的"一体感"。对日本各种团体的领导人来说,其最主要的任务不是制定正确的方针、政策,而是维持团体的"和";决策的关键也不取决于领袖,而在于全体成员的意见如何达成一致。为此,日本人在团体内部想尽一切办法避免公开对抗。例如:做出重大决定时,不是仅由领导个人提出,而要经过团体成员的讨论确定。讨论时,为避免公开对抗,人们谨言慎行,尽可能用婉转的语言表达意见。功名应属于团体,而不能属于个人;同样,责任

---

① John T. Rourke. International Politics on the World Stage, 6th edition. Dushkin/McGraw. Hill, 1997: 125//张长军.美国情报失误研究[M].北京:军事科学出版社,2006:49.

② 这里所说的"社会构造"不同于"社会组织"。"社会组织"是样式,而"社会构造"是抽象化的概念,是内在于某一社会的个人与个人、个人与团体、团体与团体之间关系中的基本原理。它是构成社会(或文化)诸因素中最难变化的部分。

③ "资格"是指使某个人与他人区别开来的种种属性,如:性别、姓氏、年龄、学历、地位、职业等。"场"则是指把一些个人构成为团体的场合,如:地域、企业、学校、机关等。人际关系的基本形态按其组织形式也可分为两类,即"横式"的和"纵式"的。以"资格"为纽带构成的团体,其人际关系多是横式关系,如:兄弟姐妹关系、同级生关系、同僚关系等。而以"场"为纽带由不同资格的人所构成的团体,其人际关系多为纵式的,如:亲子关系、上下级关系等。

也都在于集团全体,而不在于个人,即使失败,也不明确个人的责任。在这种氛围下,人的个性被抹杀,正确的意见往往被淹没在团体的主流错觉之中。影响决策的关键因素也不是领袖的决断力和判断力,而往往是团体中的所谓"主流舆论"。

第二次世界大战期间,日本在面临重大决策时每每屈从于"大势"或舆论的压力,而无法做出正确的判断。例如:在珍珠港事件之前,日本驻美大使野村曾致电东乡茂德外相,认为"十分需要在世界形势明朗化之前再忍耐一两个月",然而东乡茂德的回答是:"鉴于国内形势,我们不能考虑你的意见。"①此时,日本国内的战争机器已经开动,任何理智的建议都是徒劳。在东京审判中,日本的战争领导者都辩称:"自己不希望发动战争,但是不知不觉中,气氛转向战争的方向,因而赞成了。"②这就是日本式集团主义的典型表现。

1938年6月日军占领徐州后,下一个战略目标应是汉口的作战呼声盛行一时。尽管大本营1938年1月就做出了"暂不扩大战区,整顿国力"的决定,但侵华日军拒不执行,坚持要在1938年秋天发动汉口作战,并得到参谋本部稻田作战课长和田中军事课长的支持。当时,战争指导课高级参谋堀场一雄向稻田申述汉口作战时机尚早,得到的答复是:汉口作战已成定论。最终,在军中实力派的主流舆论推动下,侵华日军"如愿"发动了汉口作战。此役日军虽然取得胜利,但日本的人力、物力、财力遭到巨大消耗,不得不停止战略进攻,转入以保守占领区为主的战略相持阶段。

日本"纵式"社会构造的另一特征,是团体成员间强烈的等级秩序观念。在"纵式"构成的团体中,每个人都处在一定的等级位置上,最重要的人际关系是类似于"亲子"的上下级关系。在团体内,任何个人的声望不得超过他的上司。在进行集体讨论时,表达意见的次序大多依照团体成员的等级顺序,处于最低等级者往往闭口不言。在这种严密的等级秩序中,部属当然不愿(也不敢)挑战上级,从而增加了诱发"团体迷思"的可能。例如:在日本海军检验中途岛作战计划的图上演习和研究会上,参战部队的许多军官对该计划的各个方面都不满意,许多重要问题也没有得到解决。有些军官私下议论,认为联合舰队司令部似乎严重地低估了敌人的能力,但是,出于对"英明伟大的"山本五十六的敬畏,没有人敢在会上公开地提出自己的意见或指责③。

2. 对外展开恶性竞争,情报工作缺乏管理与协调

如前所述,日本纵式社会中的团体是封闭性的团体,该团体的成员与其他团体的同资格成员之间几乎没有横向联系。不仅没有联系,同类团体之间往往互相视为敌手,展

---

① [日]实松让. 情报战[M]. 王云辅,杨坚,张林,译. 南京:江苏人民出版社,1981:199.
② [日]加藤周一. 日本文化论[M]. 叶渭渠,等译. 北京:光明日报出版社,2000:244.
③ [日]渊田美津雄,奥宫正武. 中途岛海战[M]. 许秋明,译. 北京:商务印书馆,1979:113.

开激烈的恶性竞争。换言之,日本重视协调、以"和为贵"的道德准则仅适用于本团体成员,而不是普遍适用的。日本人对团体内的人讲"和",以"和"来协调团体内不同利益层的冲突;而对团体外的人则是实行无情竞争或斗争。在日本社会,集团内部以及集团和集团之间的竞争往往异常激烈。以二战时期的日本为例,军部与政府的对立,在军内军政部和统帅部的对立,在统帅部内作战当局和战争指导当局的对立、陆军和海军的对立……比比皆是。用堀场一雄的话说,当时的日本是"以主力进行国内斗争,以一部对外作战"①。在这种以竞争为特征的日本式集团主义影响下,日本情报系统整体缺乏"大情报"观念,各部门之间壁垒森严,忽视情报的交流与合作以及整个系统组织体制的建立与完善。情报体制松散、缺乏协调和管理成为长期以来日本情报工作中的一大积弊。

例如:在二战时期,日本陆、海军情报系统是两个平行的体系,彼此鲜有沟通,更不用说共享情报,军方与政府(如外务省)情报机构之间也是竞争远大于合作。而在陆、海军内部,中央与地方(如各战区情报机关)之间的关系也不够紧密:前者对后者缺乏业务指导和情报支援,后者亦自成体系,情报工作主要受本战区指挥官的领导。正如铃木健二所说:"日本的情报机关没能作为国家的一个组织机构成长壮大,而是作为附属某个人的机关发展起来了。"②针对情报机构各自为政的现象,日本政府于1936年设立"内阁情报委员会",以协调各机构之间的关系。之后,又从陆军省、海军省、内务省、外务省和通信省等相关部门抽调优秀人才,组建直属于首相官邸的"内阁情报部"。1940年12月,内阁情报部"升格"为内阁情报局。但由于陆、海军拒绝向其提供情报,内阁情报局最终沦为一个宣传机构,日本情报体制的首次一元化尝试不得不以失败告终。

日本情报界一盘散沙的局面直到战后仍未改变。战后,日本先后成立了内阁情报调查室、公安调查厅、警察厅警备局等多家情报机构,但各部门各行其是,形成了一个"不成一体的'情报界'"。号称"日本版 CIA"的内阁情报调查室(简称"内调")空有中央情报机构之名,却没有统一管理和使用情报的权限;另一方面,为加强情报协调而建立的内阁·联合情报会议机制③,由于没有常设的办事机构和专业的情报评估人员,也没有形成将会议内容整理上报的固定机制,因此只能进行一般性的意见交换,最终流于形式而无法起到"情报共同体"的作用。总之,日本建立起的旨在管理情报界的两套机制均未发挥其应有作用,各省厅各自发展自己的情报力量和上报渠道,而真正重要的情报却往往由于人为因素到不了首相手中。"这些情报机关没有对情报进行综编……(而是)各自搜集情

---

① [日]堀场一雄. 日本对华战争指导史[M]. 王培岚,等译. 北京:军事科学出版社,1988:764.
② [日]铃木健二. 神秘的使者——武官[M]. 李苑,译. 北京:军事译文出版社,1983:32.
③ 1986年,日本设立"联合情报会议",供各省厅局长级、情报机构的实务长官会晤并交换情报,由内阁官房副长官担任议长,每周开一次。1998年,日本设立"内阁情报会议",作为各情报机构首脑讨论情报的政府最高级别会晤,由内阁官房长官担任议长,一年只开两次。

报,仅仅根据自己所获的情报加以分析,并通过各自零散的渠道向政府汇报分析结果。因此听汇报的首相总是从不同的情报机关听到类似的情报。"[①]分散的情报体制严重影响了情报工作的质量和效率,使得日本在金正日去世、阪神大地震、朝鲜间谍船事件等一系列重大或突发事件中屡屡"情报失灵"。

日本当代情报学家小谷贤认为,日本情报工作"一元化"之所以始终难以实现,从根本上说是日本文化中根深蒂固的派系主义(セクショナリズム)作祟[②]。它使得日本情报机构之间缺乏协调,各自为政,难以形成"合力",也成为日本推行情报体制改革面临的最大障碍。"冷战"结束后,为加强情报管理、提高工作效能,日本采取了多项改革措施,包括:扩大"内调"的规模和权限,强化中央情报机构职能;在"国家安全保障局"设立"情报"部门,统一处理安全领域的重要情报;提升"情报本部"级别,整合军事情报体制;完善联合情报会议机制,促进情报信息共享等。尽管改革在体制层面取得了一些进展,但其成效如何仍有待观察。以对外情报工作为例,早在小泉内阁时期,日本就有意成立一个类似美国中情局或英国秘密情报局的对外情报机构,以统筹全国的对外情报工作。此后,外务省、防卫厅(省)等部门都积极发展自己的对外情报力量,以便在未来筹建国家级对外情报机构时获得主导地位。2012年安倍晋三再任首相之后,将成立统一的对外情报机构提上政府日程。但由于各大情报机构围绕主导权展开殊死搏斗,以至于新机构的名称和定位迟迟无法确定。再比如,在2011年发生的"3·11"大地震中,日本政府的表现虽明显好于阪神大地震之时,但仍暴露出情报传递不畅、信息共享不足等问题,导致事故处置失当,救灾组织不力。正如日本情报专家黑井文太郎所说:"情报工作反映着各国的社会文化。如果日本的社会风气保持不变的话,那么不管制造多少个'容器','灵魂'都无法装进去。"[③]

参考文献

[1] 刘宗和、高金虎.外国情报体制研究[M].北京:军事科学出版社,2003.
[2] 张长军.美国情报失误研究[M].北京:军事科学出版社,2006.
[3] 官邸における情報機能の強化の方針(2008-2-14)http://www.kantei.go.jp/jp/singi/zyouhou/080214kettei.pdf.

---

① 黒井文太郎.日本の情報機関[M].东京:讲谈社,2007:5.
② 小谷賢.日本軍のインテリジェンス[M].东京:讲谈社,2007:211-212.
③ 黒井文太郎.日本の情報機関[M].东京:讲谈社,2007:217.

[4] 加藤周一.日本文化论[M].叶渭渠,等译.北京:光明日报出版社,2000.

[5] 黒井文太郎.日本の情報機関[M].东京:讲谈社,2007.

[6] 小谷賢.日本軍のインテリジェンス[M]. 东京:讲谈社,2007.

[7] 「日本のインテリジェンス体制－変革へのロードマップ」(2006－6)http://research. php. co. jp/research/foreign _ policy/policy/data/seisaku01 _ teigen33 _ 00. pdf.

[8] 濱口恵俊、公文俊平.日本的集団主義[M].东京:有斐閣,1982.

[9] 東日本大震災への対応に関する教訓事項(最終取りまとめ)(2012－11)http://www. mod. go. jp/j/approach/defense/saigai/pdf/kyoukun. pdf.

[10] 麻生幾.情報、官邸に達せず[M].新潮社,2001.

俄罗斯情报工作军民融合主要特点

于 海 刘亚莉

摘要：俄罗斯情报工作军民融合是俄推进改革的从权选择，具有折中性；相关配套法规政策指导性强，具有层次性；不同领域和环节的表现形式各不相同，具有多样性；受主客观多种因素影响，融合水平总体不高，具有有限性。

关键词：俄罗斯；情报工作；军民融合；特点

俄罗斯情报工作军民融合，是俄独立建国以来持续推动政治变革、经济转型、社会转轨，以及军队和情报机构调整改革的产物，既包括军队情报系统与民间组织情报工作的融合，也包括政治情报系统[①]与民间组织情报工作的融合。综合分析，俄情报工作军民融合主要有以下几个特点：

一、推进改革的从权选择，具有折中性

苏联解体后，俄罗斯对军工企业实行了"雪崩式"的军转民战略，许多军工企业在转产过程中被私有化。当俄武装力量开始规划侦察情报信息系统建设、侦察情报装备需要换代之时，才发现从技术研发到量产、维护等各个环节都需要那些被军转民和私有化的原军工企业的协助和配合。对于俄联邦领导人来说，除了军民融合，没有其他更好的选择。俄罗斯在军工体系推进军民融合的发展主要依靠"先军后民"模式，实际是一种既想避免军民分离弊端，又不想放弃独立军工体系的折中做法，是俄罗斯在建设国家创新体系时企图向军民融合方向发展的过程中，在国家战略和各种利益主体的矛盾冲突下形成

---

① 俄政治情报系统（俄联邦安全总局、对外情报总局等）虽不如苏联时期那么强大，但仍保持着浓厚的军事色彩，不仅实行军衔制，而且辖有一定数量的部队。

的一种发展态势。(李楠 等,2015)

在情报工作领域,俄联邦情报部门与民间情报组织在情报搜集方面的合作,也是俄政府权衡利弊后的一种从权选择。苏联时期,苏维埃政权根本不允许任何体制外的情报组织存在,基本不需要考虑情报工作军民融合问题。苏联解体及克格勃解散后,退役特工大量流向商界,部分原克格勃中层领导干部进入了专业部门,成立了私人保安公司。(穆欣,2004)一些退役特工出于盈利的目的,游走于法律的边缘,利用自己的情报网屡屡做出有害俄联邦国家和俄罗斯当权者利益的事情。俄政府既然不能断其生路,就只好加强监管和引导,给他们一定的合作机会。退役特工如果能够做有益于国家的事情并从中获利,他们中的多数人是不会铤而走险,做有损国家、违法乱纪的事情的。不难看出,开展情报工作军民融合不是俄联邦政府的主观意愿,其同民间情报组织进行合作是形势所迫。

二、配套法规政策指导性强,具有层次性

为加强对军民融合的统筹规划和政策指导,并使之有法可依,俄联邦政府出台了一系列法律、法规和规划、计划。这些政策法规内容具体、层次分明,指导性强,既为情报工作军民融合提供了法律依据,使特工部门能够依法要求民间组织和个人配合其工作;又为合作者提供了政策优惠,使合作伙伴能够获得联邦政府一定的政策倾斜和特工部门的庇护,方便合作者了解政府需求和武装力量建设需要,引导民间组织和企业的经营方向,使其在为国服务中能谋求发展。

在法律方面,1990年俄罗斯颁布法律法规确定了军转民式的战略原则;1995年4月3日颁布的《俄罗斯联邦安全总局机关法》第三章第十五条明确了开展情报工作军民融合的权力[①];1996年1月10日颁布的《俄联邦对外情报法》第二章第十六条给出了开展情报工作军民融合的条件[②];1998年通过的《俄罗斯国防工业"军转民"法》明确了"军转民"的多种资金来源,即"军转民"的资金由联邦和地方预算提供,也可以由国家担保来吸引贷款和国际货币组织、金融机构的资金以及其他预算外资金(周碧松,2012);2003年9月,国家杜马《关于非国家(私人)保安活动及非国家(私人)侦探活动》法律的提案提出了

[①] 《俄罗斯联邦安全总局机关法》第三章第十五条规定:俄罗斯联邦主体联邦安全总局机关与联邦国家权力机关、企业、机构和团体(不论其所有制形式如何)协作,开展自己的活动。国家机关、企业和团体(不论其所有制形式如何)应当协助联邦安全总局机关履行其承担的义务。

[②] 《俄联邦对外情报法》第二章第十六条规定:"俄罗斯联邦对外情报机关与俄罗斯联邦执行机关、企业、机构和团体关系的条件由相应协议予以规定。

私人侦探必须在 24 小时之内提交行动报告并全程记录自己的行动的规定等①(史秀丽,2004)。

在法规方面,俄国防部在《俄联邦武装力量通信系统向数字化的信息传输和交换方式过渡构想》(2004 年 1 月 9 日批准)基础上,制定了《俄联邦武装力量一期通信网分阶段向数字化远程通信设施过渡专项综合纲要》和《2002—2015 年俄联邦国防部在莫斯科地区的通信网向数字化传输系统过渡纲要》,明确了建立武装力量通信系统分阶段向数字化的信息处理方法过渡等规章。

在战略规划和实施计划层面,《1995—1997 年俄联邦国防工业转产专项计划》调整了军转民的范围,将"全面军转民"调整为"以武器出口促进军转民";《1998—2000 年国防工业"军转民"和改组专项规划》要求对军工企业实行优化改组,缩减 2/3 的军工企业,(周碧松,2012)使装备研制和生产的一些领域不得不进行军民合作;《2001—2006 年俄罗斯国防工业改革和发展规划》明确提出在经济转型过程中,确保高技术武器装备的研制生产能力的要求(刘果 等,2011);2009 年发布的《俄联邦 2020 年前国家安全战略》明确了"需要通过制定战略性文件并颁布相关法规,统一协调国家政府机构、国防资源、经济领域各企业乃至网络和交通等重要基础设施的活动,以确保国家安全战略目标的实现";2010 年颁布的《俄联邦军事学说》明确指出,"为保障国防利益,在某些领域要实行军民科研生产一体化发展";2012 年普京签署的《关于实现俄联邦武装力量、其他军事组织建设与发展以及国防工业现代化规划》总统令,明确提出"保障高风险研究和基础科学的可持续发展,吸纳俄罗斯科学院、国家科学中心和大专院校从事国防建设","创建统一的科研和设计工作信息数据库,将军用和军民两用产品的技术资料纳入数据库",以落实军民资源共享和军民技术双向转移工作,为落实军事学说和总统令,《俄联邦空天防御构想》将"建立军民协作机制,共享情报资源,共建空天防御体系"作为首要原则(李洁 等,2014);《2015 年前俄罗斯航空工业发展战略》和《2002—2010 年及 2015 年前民航航空技术装备发展联邦专项规划》(新修订版)对俄航空侦察预警方面军民融合具有深远影响。

三、融合措施各有侧重,具有多样性

俄罗斯情报工作军民融合形式多样,在不同的领域和情报工作的不同环节其表现形式各不相同。

---

① 史秀丽. 俄罗斯私人侦探像"保安"[OL]. http://www.news.sina.com.cn.2004-5-24.

（一）利用强制手段推动合作

尽管俄联邦情报机关较苏联时期特权有所减弱,但依然没有摒弃强制手段。《俄罗斯联邦安全总局机关法》第三章第十三条第一款规定其可以"与自愿合作的人员建立合作关系",但这样的合作并不是一开始就两厢情愿的。对于特工机关来说,劝说人们与之合作的时候使用一点策略手段是一种再正常不过的事情。在没有人情愿为"侦察—侦查措施系统"建设分担承建费用的时候,政府部门就以收回营业执照相威胁,迫使网络服务提供商就范(穆欣,2004)。

（二）通过参股公司实现合作

通过参股,实现对公司的控制,进而影响公司的重大决策。例如:"通信投资"和非国家性的退休基金会"电信－联盟"完全受联邦安全局和对外情报局的地区基金会控制;莫斯科"三角旗电信公司"受联邦安全局老战士基金会控制;联邦政府通信和信息局经济核算单位"地图册"科技中心持有俄罗斯工商网 40% 的股份。俄情报机构通过参股、控股,如愿达成了信息技术服务开发与利用的合作。

（三）运用扶持策略引导合作

俄联邦政府和军方推动与俄智库进行情报交流合作的主要原因,一则由于后者具有出色的研究能力,另则由于后者具有鲜明的政府主导色彩,独立性相对较弱,便于管控。在"可控民主"的思维下,俄政府长期以来希望对智库建设能够管控得住。如今,俄官方智库无论在投入上、规模上还是影响上都明显占据上风,且影响力大的民间智库其影响力来源事实上也有官方眷顾,具有明显的半官方性质。俄政府通过这种扶持策略,使这些智库被要顺应圣意地配合政府来开展研究工作(郝赫,2016)。

（四）使用经济手段促进合作

市场经济条件下的军民融合,经济手段往往比行政措施更易见效。俄在推进情报工作军民融合过程中,比较成功地发挥了经济杠杆和竞争机制的作用。首先,政府直接干预金融活动。为了使资金从流通领域向生产领域转移,政府决定控制通胀,稳定卢布,降低利率,同时对银行进行整顿,实行银行储蓄保险制度,吸收居民储蓄用于投资。国防部、联邦中央银行和财政部共同确定了一批专业银行进行国家订货拨款;调集中央基金,向科研和试验设计工作进行预算补充拨款;以投标形式吸引私人投资;利用租赁机制提高转产效率等(范肇臻,2011)。其次,确定国防拨款的重点投向。例如:《2000—2001 年俄联邦政府社会政策和经济现代化领域的行动计划》规定,国防工业综合体改革的主要任务是把国家国防订货资金、军事技术合作能力和两用技术利用及生产多样化结合起来;优先保证军事科研和试验设计工作的拨款。第三,建立国防订货竞争机制。通过制定各类法律法规,要求实行最大化公开竞争。2012 年 12 月,俄颁布《俄联邦国家国防订货法》,明确要求按照单一来源采购并公开采购分类,通过招标竞争落实国防订货任务。该法从原则上明确了国防订货反垄断的特殊要求,禁止大型企业滥用市场支配地位。2013 年 2 月,俄修订《保护竞争法》,进一步细化保护竞争、反垄断和反不正当竞争的具体要求。目前,俄罗斯除核武器总体、火炸药等高度机密、专用和需要国家严格控制的装备研制生产外,包括微电子技术、人工智能系统和雷达等的其他装备领域均向全社会开放(周碧松,2012)。

四、融合水平总体不高,具有有限性

俄联邦政府把情报活动界定为"对外情报机关实施的活动"[①](《俄罗斯联邦对外情报机关法》,1992),坚持情报工作必须国家事权,并不鼓励民间机构开展广泛的情报活动,因此其情报工作的军民融合总体水平不高,程度相对有限。俄政府对待民间情报组织的态度,首要是监管,其次才是利用。其军民融合的重点主要局限于技术、装备和人才培养等方面,对于民间组织情报搜集方面的积极作用并不十分看重。俄政府将情报工作视为国家有关部门一种垄断性工作,主观上排斥民间情报组织的存在,之所以与民间组织开展有限的情报搜集合作,主要是出于防止这些组织被他国利用的目的。制约情报工作深度军民融合的一个重要原因,是俄罗斯情报工作格外强调保密性,"情报人员不允许随意谈论自己的工作,也不允许知道与自己工作无关的情况,不提倡在工作上相互帮助,禁止私自进行情报交换或情报咨询"(谢瑞洁,2010)。

俄罗斯实行军、地结合的"二结合"力量体制,除了组建军事机关外,还强调地方部门、社会组织以及公民的参与(李星,2004)。但俄并不重视发挥民兵预备役的作用。目前,俄罗斯预备役部队没有固定的员额,军队中没有成建制的预备役部队。预备役人员平时不执行现役任务,仅在动员时补充部队(高艺,2006)。所以也就不能指望预备役在情报工作中发挥什么作用。苏联时期,克格勃依靠苏共的基层组织在全国各地建立了自下而上的群众情报网络。只要一有风吹草动,各地的情报员就会将情况汇报给克格勃。在市场经济条件下,联邦安全局已很难调动这股群众力量。在北高加索地区,部分民众不但不配合情报部门的工作,有时还向恐怖分子通风报信。恐怖分子能在车臣南部山区长期活动就证明了这一点[②](秦思,2004)。

---

① 《俄罗斯联邦对外情报机关法》,1992。
② 秦思. 俄罗斯军事改革启示录. 北京:解放军出版社,2008:405. 转引自顾小清:《俄罗斯"克格勃"接连出错》,《环球》2004 年 9 月 13 日。

苏联解体及克格勃解散后,众多退役特工大量流向民间,大量民间情报组织涌现,给俄联邦国家安全带来巨大的隐患,不能取缔,就必须进行监管和约束,引导其做有益于国家的工作。可以说,俄特工部门在与民间情报组织打交道的过程中,监管多于合作,情报工作军民融合的程度相对不高。而俄官方以威胁收回营业执照的方式强迫网络服务提供商合作的事情也未竟全功。"对拒绝合作的网络服务提供商确实收回了营业执照,但他们一般还可以通过法院重新要回执照。只要不愿合作的商人私下塞钱给联邦安全局的工作人员,签署不公开自己与特工机关合作的协议就算完事。许多著名的网络服务提供商公司的代表装模作样,说什么他们根本不知道这一系统(侦察—侦查措施系统)。"(穆欣,2004)

参考文献

李楠,马忠成.航天军工企业走军民融合发展道路策略探索[J].卫星应用,2015(3):61-63.

[俄]A.穆欣.普京与幕僚[M].高增训,等译.北京:新华出版社,2004:179-183.

周碧松.中国特色武器装备建设道路研究.[M].北京:国防大学出版社,2012:78.

周碧松.中国特色武器装备建设道路研究[M].北京:国防大学出版社,2012:78.

刘果,胡绍进,文节.俄罗斯军事工业军民融合发展对我国的启示[J].科教论坛,2011(3).

李洁,张代平.俄罗斯推进装备建设的主要做法[J].国防,2014(5):4-6.

[俄]A.穆欣.普京与幕僚[M].高增训,等译.北京:新华出版社,2004:197-198.

郝赫.俄罗斯智库建设特点及启示[N].中国社会科学报,2016-2-4.

范肇臻.俄罗斯国防工业"寓军于民"实践及对我国的启示[J].东北亚论坛,2011,20(1):84-91.

周碧松.中国特色武器装备建设道路研究[M].北京:国防大学出版社,2012:78.

谢瑞洁.俄罗斯情报文化研究[D].北京:解放军国际关系学院,2010:65.

李星.边防学[M].北京:军事科学出版社,2004:236.

高艺.俄罗斯预备役部队简介[J].中国民兵,2006(1):62.

[俄]A.穆欣.普京与幕僚[M].高增训,等译.北京:新华出版社,2004:198-199.

"满铁"在侵华战争中的情报工作评析

李荣玉 周 浩

摘要:近年来随着中日关系的进一步发展,国内越来越重视对日本民间情报机构的研究。对"满铁"在侵华战争中的情报活动要进行更深入细致的挖掘。研究"满铁"的情报活动,不仅对观察当今日本"官民一体"体制下完备的民间情报网络有重要启示意义,也对我国情报工作发展有一定的借鉴价值。

关键词:日本;满铁;情报机构;情报工作

一、"满铁"的成立与演变

"满铁",即"南满洲"铁路公司,1906年11月26日创建于东京,1907年3月5日转移到大连。自建立以来,"满铁"就承担着控制东北并将其变为日本殖民地的重要任务,变成日本推行"大陆政策"的一把利剑。1945年8月,日本宣布投降,"满铁"也随之解体。

(一)"满铁"的成立

明治维新以后,日本的工业水平得到了进一步发展,近代化程度明显提高,但受到岛国国土狭小、资源短缺等短板的影响,日本进一步发展的脚步受阻。所以日本走上了对外扩张的侵略之路。1904—1905年,发生在中国国土上的日俄战争,就是日本与俄国重新划分在华权益的战争。战后,根据《朴次茅斯公约》,将东北地区分为"南北满"两个区域,日本占领"南满",继承了俄国包括中东铁路"南满"一线在内的一切权益,成为日本进行殖民侵略的大本营。同时,日本划定日租界,在长春至旅顺修建铁路,将其命名为"南满洲铁路"。

日俄战争之后,大国在东亚的势力范围发生了巨大变化,日本开始逐步代替俄国在东北的势力。日本当局为实现统治"满洲",出台了"满洲统治方案",确定了基本的原则和统治方针。以股份公司为名推行殖民统治之实的统治方式也随之形成。"满铁"就是这一背景下的产物。

1906年6月7日,日本天皇颁布了《"南满洲"铁路公司成立草案》,"南满洲"铁路公司正式成立,在经办铁路、开发煤矿的同时,方便日本与俄国、清政府进行联络。1906年11月26日"满铁"在东京建立[①]。

"满铁"名为商业公司,但实际上却是日本当局发动侵略的重要推手和情报提供者。在侵华战争中,"满铁"根据各种侵略需要,先后设立了许多不同的情报调查机构。

(二)"满铁"调查机构的演变

"满铁"从创建到解体,历经几次变革。"满铁"不仅作为以获利为目的的民间企业,更担负着为日本当局提供情报的使命和责任。所以,调查部门的职能也与一般不同。根据日本当局政策的调整,"满铁"的机构设置和研究方向会发生相应的变化。本部分内容主要介绍从"满铁"调查课的设立到大调查部的消亡时期"满铁"调查部门的机构设置及不同时期的方针与任务。

1. 1907—1931年的"满铁"调查课

"满铁"刚成立时设总务部、运输部、矿业部、地方部四个部,在正式运营的当月成立了调查部,只规定了一般经济调查、旧惯调查和图书保管三项业务[②]。冈松是"满铁"调查部首任负责人,是"满铁"情报活动的开创者。1908年12月,大藏省等部门施压,希望"满铁"减少经费开支,"满铁"由此将调查部整编为调查课,将其业务范围也调整为审核、调研统筹、员工培训、商业报告及年度报告的汇编等。1920年,调查课取消了调查事务之外的职能,变为"货真价实"的情报调查部门。

2. 1932—1939年的"满铁"经济调查会

1932年12月,在关东军的指示下,"满铁"创立了经济调查委员会(简称"经调会"),设置了7个科室和5个小组。调查科整编为资料科。经调会主席十河认为,"经调会形式上是'满铁'一机关,实质上是关东军统率下的军部机构"[③]。经调会的创建,意味着"满铁"与关东军的全方位合作开始确立起来,经调会为日本殖民东北提供了各种经济草案及经济情报,伪政府建立后,关东军提出了一系列经济目标和假想,经调会将在这些想法的基础上形成政策或法规,再由伪政府推行开来。

---

① 满史会.满洲开发四十年史:上[M].辽宁编写组,译.沈阳:东北师范大学出版社,1987:93.
② 解学诗.隔世遗思[M].北京:新华出版社,2003:152.
③ 山田豪一."满铁"调查部[M].东京:日本经济新闻社,1977:9、87.

3. 1939—1945 年的"满铁"大调查部

1939 年 4 月,经调会扩编成大调查部,主要负责综合调查。调查部本部包含事务科、总务科、资料科、一号办公室、二号办公室、三号办公室、四号办公室、图书馆,除此之外还包括华北调查研究所、张家口调查研究所、上海办事处、东京分公司、新京分公司、铁路调查科。后来大调查部内部经历了两次严重的"动荡",调查职能也渐渐被弱化,一部分部门被裁撤,调查研究走上了下坡路。1945 年,日本战败投降,"满铁"调查部门也继而被遣散。

二、"满铁"在侵华战争中的主要情报活动

1931 年 9 月 18 日,"九一八"事变爆发,中国东北地区被日军占领,到了 1937 年,日本将自己的殖民侵略的魔爪伸向华北,进入全面侵华时期。此时,"满铁"内部也设立了专门的情报调查部门,全力支持日军的侵略活动。此时的调查机关主要进行政治、军事、经济方面的调查,给侵华日军提供情报支持。

(一) 军政基础情报资料搜集活动

"九一八"事变前,"满铁"调查科与关东军进一步深化合作。这期间,"满铁"调查课的活动非常活跃,主要负责搜集东北地区的军事、政治方面的基础性情报。

在政治情报资料搜集上,"满铁"将调查活动的重点放在搜集当地的法律法规、地方政府的公文及政府的动态上。如:东北地区军政名人的花名册、张学良在修建南满铁路一事上的立场、东北地区的"排日"情况、东北人民抗日战争的形势、国民党在东北的部署情况,尤其是把情报搜集的重心放在研究中日民族间的差异和分歧上。

在军事情报资料搜集上,着重关注地方军队的活动、武器弹药的运输情况以及各部队指挥所和后勤仓库的具体位置、人员流向、防御前沿设置等情报资料。就在事变前一个月的 8 月 15 日,《安边商报》报道了日本调查人员的活动:"本月以来,'满铁'选拔了 100 名中文流利又熟知东北民风民俗的员工及专家,伪装成中国人暗中在东北地区各县走访,勘测矿山、山脉、水文、人文、交通以及地质地形,为下一步的侵略行动奠定基础。"调查科为关东军提供了大量的第一手情报,使其能够充分把握当地的地理及军事部署。因此,大大加速了关东军侵占东北的进程。

(二) 经济情报活动

"九一八"事变后不久,关东军方面提出要成立一个组织,为伪满政权制定各项政策。在十河等人的推动下,"满铁"决定成立经济调查委员会(简称"经调会"),规定了经调会

的根本目标和方针政策;推进伪满洲国经济发展,培育在华的日本企业和商社,制订全东北经济建设计划。

这4年多时间里,"满铁"总共有调查、计划和资料共达1882件,其中起草方案829件、资料1053件,并分门别类编辑成册①。可以说,"满铁"的经济调查活动极大地推动了伪满政府各项草案的出台及各项金融活动。

(三)综合情报活动

1937年日本对华侵略进一步深化,侵华日军企图速战速决,灭亡中国,与此同时,中国军队顽强抵抗,双方陷入了相持不下的局面。为了满足战争的需要,日方决定成立一个综合性的"国家政策调查机关"。1938年11月8日,在"满铁"委员会会议上,通过了关于重组"满铁"调查部的提案。重组后的大调查部不仅是当时亚洲地区最大情报调查机关,也是世界上为数不多的情报调查机构之一。为了满足战时的需要,给侵华日军提供准确的参考资料,大调查部围绕战争准备和战场情况开展了全面细致的情报调查活动。

大调查部期间的各项调查取得了丰硕的成果,调查的数量和范围是前所未有的。按其调查内容可以分为:(1)专著研究和数据采集;(2)为侵占中国领土做准备的对自然条件、地理情况的调查;(3)为巩固殖民地、维持稳定的旧习调查(包括民族调查);(4)为抢占原材料和商品倾销市场所进行的的经济调查等等。其中影响范围较大的调查主要有:"支那(中国)抗战力调查""日满支(华)集团通货膨胀调查""战时经济调查"等。

三、"满铁"情报活动的主要特点

"满铁"在其发展的约38年历程中,在对华侵略战争中形成了比较成熟的情报搜集体系。"满铁"调查机构在暗中为日军的侵略活动推波助澜,政府与民间商社携手,建立起官民合作的情报机构。以"军民融合"的方式创建一个情报机构,是日本在中国扩大政治、军事及经济利益的必经之路。其主要有以下几个显著特点:

1. 寓谍于商

就"满铁"的经营上,"满铁"创始人后藤新平在《就职申请书》中明确了日本殖民中国的目标和"满铁"的指导思想,即通过商业活动作为伪装,行侵略之实,全方位多层次地搜集情报来保障日军的侵略活动。"满铁"以运营铁路为由,实则攫取高额利润,并鼓励国

---

① 解学诗.满铁调查部满铁档案汇编:第十四卷[M].北京:社会科学文献出版社,2011:520.

内日本员工移民中国,进行长期的潜伏工作,达到掩人耳目的目的。这样的情报活动模式不仅利于隐蔽,还能保障情报活动经费,极大地刺激了日本在华情报活动的拓展。可以说,日本开创了一种"寓谍于商"新模式,且这一模式具有显著的优势。

(1) 灵活及隐蔽性高

"军民合作"的模式让"满铁"情报活动的灵活度和隐蔽性大大增强。在"满铁"工作的人大多是精通语言的青年一代,他们能用英语、俄语和中文与当地人进行无障碍交流,并且水平之高往往很难察觉他们的真正身份。他们很少坐在办公室内,而是频繁地活动在对象国的大街小巷,成为"满铁"名副其实的"千里眼"和"顺风耳"。并且他们熟悉东北当地的民风民俗,完全可以长期潜伏在中国东北的各个城市和乡村。"满铁"在东北地区的活动,据当时人形容:"日本经营满蒙于今二十年矣,吾人仅知其为侵略政策,而不知其侵略之实迹何存。犹大盗已踰垣入室……主人熟视无睹。"[1]可以说这种模式大大增强了"满铁"调查活动的隐蔽性。

(2) 资金来源充沛

"满铁"是由日本当局和民间企业联合开办的,投资的总资金高达2亿日元。"满铁"通过控制铁路的经营权,不断开采东北地区的煤铁及油气等资源来攫取高额利润以服务战争。不仅如此,"满铁"还把贪婪的"爪牙"伸向了农业、林业、工商业等与国民生活密切相关的行业,疯狂地进行资本的原始积累。随着企业规模的不断发展,1920年"满铁"第一次增资至4.4亿日元,至1940年已经增资至14亿日元。政府在"满铁"建立之初投入较大,加之它在中国剥削、掠夺资源并进行投资盈利,战败时"满铁"资金已高达26.7亿美元[2]。

正是这种寓谍于商的模式,使"满铁"在开展调查研究项目中有充足的资金作为保障,调查搜集的先期数据较为准确。

2. 军民合作

"满铁"以民间企业为名,行情报活动之实,为日本当局的决策者提供了准确的情报保障,同时也会承担来自日本政军界各个部门的代行调查,逐渐形成了"军民合作"的情报体制,并具有以下几个显著优点:

(1) 信息传递畅通无阻,准确度较高

日本当局着力保障信息的"上传下达",使得"满铁"搜集到的情报能够第一时间为其所用,大大增强了情报的时效性。其次,"满铁"的主席办公室直接给调查部下达命令,在

---

[1] 祁仍奚. 满铁问题[M]. 上海:商务印书馆,1929:256.
[2] 张勋祥. 日本侵华期间的"株式会社"[J]. 党史文汇,2017(3):49-54.

情报的搜集过程又有军方的力量作为保障,使得"满铁"的情报力量可以深入各个领域,极大地保障了情报的准确度和可信性。

(2) 搜集范围广泛

日本民间情报机构针对公开来源情报的搜集范围相较于官方情报机构则更为广泛,并可以配合官方情报机构展开公开来源情报的搜集,良好地发挥"军民合作"体制。1923年4月,"满铁"调查课进一步扩编,强调了普通调查,扩大了活动领域,恢复了政治性质。1927年,调查课又划分为法制、工业、商务、商业统计、铁路、对俄方向、计算、数据、行政等9个部门。1932年,"满铁"在关东军的要求下创建了经济调查委员会。在企业的实际运作中,"满铁"利用员工及代行、委托的方式进行间谍活动,窃取各行各业尤其是军事情报。这充分保证了"满铁"调查报告搜集范围的广泛性。

3. 情报获取手段多元

"满铁"以系统的方式搜集和提取重要的信息,通过开源信息搜集、人际情报搜集配合文献调研及实地调查揭示隐秘信息。根据不同类型的情报性质和来源不尽相同,"满铁"大致采用以下几种方法搜集信息:

(1) 开源情报获取

"满铁"通过公开媒体和公开出版物获取开源情报,如:名人演讲、地方报刊、专家著作等等。通过搜集这些开源情报,整理并分析出其背后隐藏的重要信息,再将其生成情报产品上报。

例如:1923年末,调查部对俄办公室负责人宫崎等人出席在俄国举办的农业展览会时,获取了上千册与俄国农业生产有关的图书;另外,还搜集了俄语书籍9 000册,前后共有3万多册。由"满铁"调查部进行进一步的汇总和分析,最终编写了一批关于俄国经济发展状况的书籍,如:《关于俄国经济状况的调查》《关于俄国农民的调查》等。"满铁"中保存着20—30万件的调查研究资料,再算上先后出版的上千册的书籍资料,"满铁"所获得的开源情报可以说是十分全面了。

(2) 实地调查

从1910到1930年,日本借鉴了西方国家的做法开始进行"实地调查"。也就是说,进行更大规模的实地调查实际上是为了殖民统治和军事目的。"社会踏查"是英文"social survey"的翻译①,实际上是通过走访和问卷的形式,以获取日本政府和军队所需要的第一手资料,主要形式有数据统计、社情调查、市场分析及针对具体项目的调研等。

---

① 解学诗.满铁调查部满铁档案汇编:第十四卷[M].北京:社会科学文献出版社,2011:526.

从1912年到1925年,"满铁"在中国东北农村展开的实地调查的类型就多达50种。在对地形、水源、交通、资源和人口进行调查时,员工们需要深入一线亲自去搜集数据,增加了调查结果的真实性和权威性。这些实地调查的数据和资料也被整理成册,成为侵华战争中的重要情报来源。

(3)秘密获取

秘密手段是情报机构的通用手段之一。例如:"满铁"在刚进入中国时,为了不与张作霖等当地的军阀势力发生正面冲突,就暗地里发展了各行各业的人充当他们的间谍,以商业活动的身份作为掩护,窃取侵略行动所需的核心机密。"满铁"曾通过贿赂政府公职人员窃取中国司法部的绝密文件,并设立专门的机构用来处理分析这些秘密材料。由此通过秘密手段盗取情报就成了"满铁"情报活动的重要特点。到了1932年经调会成立之后,东北已经全面沦陷,实际上已经完全处于日本的控制之下,由于没有了限制,"满铁"这一时期的情报活动就主要通过公开的手段进行了。

4. 重视经济情报的搜集

对经济情报的搜集是"满铁"情报活动的重要组成部分,"满铁"针对中国的自然资源情况和抗战能力开展了众多情报调查活动,这表明了日本当局意识到了经济情报在战时的重要性。在此期间"满铁"进行了种类繁多的调查活动,包括铁路运输、港口建设、油气资源、工业、经济、畜牧业、大豆、林业等方面,汇总编写成《临经资料》35篇,重点讲述了铁路运输和大豆的生产和销售问题。从"满铁"成立以来,铁路运输和大豆销售成为满铁的重要经济来源。"满铁"出台了一系列促销大豆的政策,以扩大大豆的销售额。1929年,"满铁"出版了《伪满洲国大豆质量调查报告》等。与伪满政权的市场流通和经济政策的出台相挂钩,成功地把调查所得的结果用于指导经济发展。

四、研究"满铁"情报活动的启示和思考

"满铁"作为侵华日军的"鹰眼"和"智囊团",在日本侵华战争中发挥了重要的作用。它所特有的半官半民的性质,为其情报活动的开展提供了极大的便利和强有力的政府支持。这种"以政府、军方为中心,以商社等民间团体为依附,相互配合地对外开展情报活动"[①]的模式也成为日本独特的情报传统,其影响一直延续至今,也为我们思考情报工作提供了一定的启示。

---

① 孙树理. 间谍情报与安全保密辞典[M]. 北京:解放军出版社,1995:174.

1. 加强民间情报网络建设

面对信息化时代信息量的爆炸性增长,获取开源情报仅依靠官方力量是远远不够的,如何构建民间开源信息数据搜集分析网络成了我国当前亟待解决的问题。我们必须认识到,对开源数据的处理和分析依旧是我们情报工作中的明显短板。一方面,我们可以与民间企业建立常态化合作机制,共享数据平台,合法获取开源数据。另一方面,我们还应重视对民间数据搜集分析人员的培养,特别是分析能力的培训,即如何通过高效率的数据挖掘从海量数据中提取真正有价值的信息,并加速向形成情报战线生产力转化。在互联网信息技术飞速发展的今天,新媒体环境下的信息轰炸无孔不入。习主席指出"互联网已经成为舆论斗争的主战场"。在采集过滤数量庞大、种类繁多的互联网公开数据的同时,更应该建立大数据分析模型对这些信息进行分类梳理和深度解析,透视数据背后隐藏的规律和信息生产者的真实意图。近二十年来我国互联网产业高速发展,民营企业和部分国有企业在互联网通信技术、人工智能和大数据分析领域积累了深厚的技术底蕴,为我国开源信息数据搜集分析网络建设领域的军民融合发展奠定了坚实的物质基础和强有力的技术保障。

2. 加强反情报工作建设

战后,由于日本是发动过侵略战争的战败国,有许多本来应该由国家情报机构进行的情报工作无法有效地展开,只能交给民间团体进行。在这种官民协调情报体制的影响下,民间企业和民间智库逐渐成为当今日本情报系统中的重要一环。

日本的企业和民间智库自成立伊始就有为政府提供情报的历史,并将其视为一种"爱国的责任和义务"。这些企业在国外设立了诸多办事处,利用自己的地理优势,大量地购买国外出版的报纸、期刊、著作等公开出版物,内容多样,数目庞大。同时,这些企业还派出大量的人员长期驻外。例如:日本的九大综合性企业,在世界上的诸多城市都设有自己的办事处,这些办事处内均设置了负责搜集情报的部门;驻外员工通过大量阅读所驻地区的报纸、杂志,收看电视新闻和无线广播,整理归纳这些公开来源信息形成数据库,并通过建立大数据模型进行分析,从中获取所需的情报。智库主要是通过阅读公开出版物、拓宽人际交流和进行实地调查统计等方式来获取所需的情报。日本的智库在日本官方外交人员不能或者不方便活动的领域,很好地填补了这方面的空白,有力地支持了国家的情报工作,为日本政府政策的制定提供了重要的参考意见[①]。由此可见,日本侵华战争中所形成的官民协调的情报体制已经深入日本情报体制的"骨髓"。今天,日本的

---

① 张卫. 日本特工[M]. 北京:金城出版社,1998:113.

民间情报网络已经遍布世界各地,成为日本官方情报机构的有力补充。官民合作基本满足了日本政府对情报的需求。

不仅是日本,世界上的许多其他国家都十分重视开源情报工作。随着科学技术的发展,尤其是信息网络技术的迅猛发展,各国获取情报的能力也在不断提高。例如:美国情报的90%—95%都来自开源情报,德国则是通过联邦政府新闻数据办公室翻译和整合世界各国的国家级报刊作为情报的来源。所以我们在加强民间情报网络建设的同时,更要加强反情报工作建设。

我们既要培养自己的安全保密意识,警惕个人信息及政府军队的文件通过网络泄露出去,为敌方情报机构所用;又要警惕敌方以虚假的情报资料来蒙蔽、迷惑我情报机构,通过借助互联网大量发布虚假信息,造成假象,导致我国情报工作的失误。

参考文献

[1] 胡平.情报日本[M].上海:东方出版中心,2011.

[2] 辽宁省档案馆.满铁秘档编选[M].桂林:广西师范大学出版社,2004.

[3] 孙成岗.冷战后日本国家安全战略之考察[M].北京:解放军出版社.2014.

[4] 王志章.日本智库发展经验及其对我国打造高端新型智库的启示[J].思想战线 2014,40(2):144-151.

[5] 解学诗.论满铁"综合调查"与日本战争国策[M]//中国社会科学院近代史研究所.纪念七七事变爆发70周年学术研讨会论文集.北京:社会科学文献出版社,2007.

[6] 许金生.近代日本对华军事谍报体系研究[M].上海:复旦大学出版社,2015.

[7] 中国人民解放军总参谋部第二部.公开军事情报工作概论[M].北京:解放军出版社,2007.

[8] 安藤彦太郎.満鉄—日本帝国主義と中国[M].東京都:御茶の水書房,2000.

[9] 草柳大蔵.満鉄調査部の内情[M].哈尔滨:黑龙江人民出版社,1982.

[10] 井村哲郎.満鉄調査部関係資料[M].東京:緑蔭書房,1995.

[11] 山田豪一.満鉄調査部[M].東京:日本経済新聞社,1977.

[12] 上田篤盛著.戦略的インテリジェンス入門.東京:並木書房,2016.

[13] 小谷賢.インテリジェンス——国家・組織は情報をいかに扱うべきか[M].東京:築磨書房,2015.

[14] 野間清.満鉄調査部の総合調査についての報告書[M].東京:亜紀書房,1982.

[15] http://www.mod.go.jp(日本防卫省官网)
[16] http://www.sankei.com/politics/news/151224/plt1512240060－n1.html(日本产经新闻网)
[17] http://www.nira.or.jp(日本综合研究开发机构)
[18] http://www.jiia.or.jp(日本国际问题研究所)

浅析甲午战争前日本驻华武官情报活动

陈乐福　孙雨桥

摘要：甲午战争前，日本驻华武官通过实地考察、现地侦察、指挥在华日谍以及收买利用汉奸间谍等方式，大肆搜集各种情报。其在情报活动中，善于利用外交官身份为掩护，发挥精通汉语、熟悉中国文化的优势，并大量采用伪装潜伏等谍报手段。其报告不仅影响了日本对华战争的战略决策，更提供了开战时机和登陆地点等方面的重要建议，为日本赢得战争胜利发挥了巨大作用。

关键词：日本驻华武官；甲午战争；情报活动

明治维新后，日本国力迅速提升，侵略野心急剧膨胀，制定了以侵略中国和朝鲜为主要目标的"大陆政策"。为准备侵华战争，日本加强了对中国的情报工作，除了向中国派遣间谍，日本驻华武官也积极活动，利用各种手段搜集情报，为日本当局制定侵华方针政策、战略战术并最终赢得甲午战争胜利奠定了基础。本文拟概述日本驻华武官在甲午战争前的情报活动，并对其情报活动的特点和作用作简要分析。

一、甲午战争前日本驻华武官的主要情报活动

19世纪中叶，武官制度在欧洲各国普遍实行。1875年，根据曾留学德国的陆军少佐桂太郎的提议，日本建立武官制度，桂氏本人毛遂自荐出任驻德国公使馆武官，陆军大佐福原和胜被派往中国，任驻北京公使馆首任武官。此后，日本派往中国的武官逐渐增多。甲午开战前夕，除驻北京公使馆外，日本还向驻天津、芝罘(即烟台)和上海等领事馆派驻了武官[①]。这一时期，日本驻华武官的情报活动主要体现在以下几个方面：

---

① 戴东阳.甲午战争爆发后日本驻华使领馆撤使与情报人员的布留[J].近代史研究,2015(1):83.

(一) 对中国各地进行实地调查

自 1873 年开始,日本就不断向中国派遣间谍。1878 年,日本成立直属天皇的参谋本部,山县有朋任参谋本部部长,桂太郎任管西局局长,分管对华谍报工作。桂太郎上任伊始,就坚决执行山县"对清国兵制及实况的调查,应以缓急之际能够实地应用为目的"的指示,规定从 1879 年起,遣华日谍要定期进行内地侦察旅行,并在中国多设常驻日谍据点。他还亲自潜入中国,从华南到华北,特别是重点对京津地区进行调查[①]。此外,根据向清政府派遣谍报人员的计划,要求日本驻华武官全面调查中国本土情况[②]。

19 世纪 80、90 年代,为落实参谋本部和桂太郎的指示要求,在华日谍和武官积极行动起来,以"考察""旅行"等名义深入中国各地,搜集关于军事、政治、经济、文化风俗、地理、兵要地志等的详细情报。1882 年奉派来华的陆军大尉福岛安正先在山东各地从事调查,不久即被任命为驻北京公使馆武官。1883 年,他以"政绩考察"名义,历时一年时间,到古北口(今北京密云东北)、张家口、山海关、天津、奉天、营口等地调查,并编纂《邻邦兵备略补正》和《清国兵制集》,详细记述清朝军队和军事要地等军事情况,还有地形地貌、水系分布、交通运输能力等地理情况。步兵中尉神尾光臣与福岛安正同年奉派来华,负责常驻天津,对华北一带的地理形势进行实地勘察。1892 年,神尾光臣就任驻北京公使馆武官。1893 年 4 月,日本参谋本部次长川上操六陆军中将亲自到朝鲜和中国进行实地考察,为发动战争做最后准备。神尾光臣陪同川上操六对天津周围的地理形势偷偷进行了考察。据川上操六日记记载:"与神尾少佐视察天津城外围堤之南、西、北三面,周长四日里,高二间或二间半,厚二间或一间半。西南开阔,利于进攻,北面多水洼,不利于进攻。"

(二) 对重要军事目标进行现地侦察

甲午战争爆发前,日本情报工作的重点放在了对清政府的兵力结构,特别是海军部署、海防构设、港口及登陆点等情报的刺探上。渤海湾为清政府海防要地,北洋舰队驻扎于此,日本将其作为侦察重点,不遗余力地搜集该地区各类情报。19 世纪 80、90 年代,日本先后派遣海军大尉关文炳、海军少佐井上敏夫、海军大尉泷川具和等为驻北京公使馆武官,但他们却长期驻在天津,秘密调查渤海湾及黄海沿岸具备登陆条件的地段和北洋舰队的动向。

1888 年底,关文炳奉命侦察正在施工中的威海卫炮台,并考察了威海卫通向荣成的道路以及荣成湾形势,历时 2 个多月。根据侦察结果,他向日本海军递交了一份报告,提

---

① 戚其章. 近代日本的兴亚主义思潮与兴亚会[J]. 抗日战争研究,2008(2):47-48.
② 太田文雄. 日本人は戦略情報に疎いのか[M]. 芙蓉書房,2008:18.

出了山东半岛的登陆地点。1893年,日本为发动侵华战争做最后准备,密令井上敏夫、泷川具和分头侦察渤海湾航道及山东半岛、辽东半岛、天津、塘沽等地的设防情况。井上敏夫为此专门购买一艘小火轮,5月从烟台出发,用时2个月,游历山东半岛、辽东半岛和朝鲜西海岸。每到一处,他都仔细观察炮台驻防情况,"所走洋面均用千斤砣试水深浅,每处相距约一百多里不等"。泷川具和接到密令后,乘帆船从塘沽出发,沿海岸线北行,历时1个月,对沿岸各海口的水深、有无沙滩、海底是泥沙还是岩石、民船数目、运输情况等都做了详细侦察。他判定,北戴河以南的洋河口为大部队登陆的最适宜地点①。

(三)指挥在华日谍从事间谍活动

近代日本驻华武官不仅是拥有公开身份的间谍,还负责监督和指挥其他在华日本间谍的行动。福原和胜上任后,当时在华的日本军官大原里贤、长濑兼正、相良长裕等人都受其领导,他还安排当时日本著名的中国通竹添进一郎驻上海从事情报搜集工作②。19世纪80年代,日本陆军参谋本部派遣陆军大尉世良田和松本分别任驻天津和山东芝罘领事馆武官,二人亦分别为天津和芝罘地区谍报工作负责人,手下各有数名汉口乐善堂(甲午战争前日本在华最大的间谍机关)成员和上海日清贸易研究所(情报人才培训学校)毕业生具体刺探情报。90年代初,日本驻上海领事馆武官陆军大尉津川谦光、海军大尉黑井梯次等人手下也各有一批乐善堂成员和日清贸易研究所毕业生在搞情报活动。

甲午战争时期最著名的在华日谍,如宗方小太郎、石川伍一等人,他们的活动均与驻华武官密切相关。1894年,宗方小太郎于甲午战争爆发前接奉海军军令部密令,从汉口赴烟台与武官井上敏夫会面。根据井上敏夫指令,宗方小太郎以烟台为根据地,侦察北洋舰队大本营威海卫、旅顺口的军情。他或亲自或派人多次前往威海卫军港,查点军港内军舰的数量及种类,以及从烟台进入威海卫的要地,其地理位置及与威海卫的距离、住户情况等③。石川伍一于1884年来到上海,投到驻华武官海军大尉曾根俊虎门下,开始其间谍生涯。1890年起,石川伍一先后在驻北京公使馆武官关文炳、井上敏夫和驻天津武官神尾光臣领导下从事谍报活动。1893年,他随同神尾光臣等进入旅顺、大连、威海等地,详细窥探清军各海防要塞的布局、设防情况。1894年初,石川伍一通过收买天津军械局书办刘树棻,"将各军营枪炮、刀矛、火药、子弹数目清册,又将军械所东局、海光寺各局制造子药每天多少、现存多少底册"的绝密情报弄到手,由神尾光臣带回国,使日本对北洋的军备及军火供应了如指掌。

---

① 李文海,康沛竹.甲午战争与日本间谍[J].清史研究,1994(4):13.
② 戚其章.近代日本的兴亚主义思潮与兴亚会[J].抗日战争研究,2008(2):44.
③ 戴东阳.甲午战争爆发后日本驻华使领馆撤使与情报人员的布留[J].近代史研究,2015(1):93.

(四) 收买利用汉奸间谍获取情报

收买汉奸,利用中国人刺探情报,也是日本驻华武官情报搜集的重要手段之一。1894年10月,北京爆出了轰动一时的京城日谍案。主犯之一的赵春霖原是日本公使馆的跟班,后被武官神尾光臣以利诱之,发展为间谍,经常向其提供军机处情报。神尾光臣还用同样的方式成功收买了李鸿章的亲信,令其对李进行严密监视,使李的一举一动尽在自己掌握之中①。

甲午战争期间最著名的汉奸间谍汪开甲,原为天津北洋护卫营炮队哨长(排长),1883年起成为日本驻华武官的爪牙。他不仅向日方报告清廷南、北洋舰队军舰的枪炮数量,搜集旅顺、大沽、北塘等地的地图,还调查机器制造局每一工厂内工匠及学生数目、枪炮弹药制造量等重要情报,一一告知日方武官。他还在侦察后通报日方山海关、锦州、奉天、辽阳沿途清廷军队驻防地及军队名称。此外,甲午战争前发生的"高升号"事件,也是他将该艘轮船的出航日期、时间、行进路线都告知日方,让日军事先掌握先机,取得击沉"高升号"的重大胜利②。

二、甲午战争前日本驻华武官情报活动的特点

甲午战争前日本驻华武官的情报活动,是日本对华情报工作中十分重要的一部分。其情报活动主要有以下几个特点:

(一) 以公开合法身份为掩护,从事秘密非法情报活动

甲午战争前,日本参谋本部次长川上操六在有计划地强化情报机关的思想指引下,从参谋本部抽调精干军人到中国各地从事谍报活动,还鼓励驻华使领馆武官加强对驻在国情况的情报搜集工作③。不仅这些在华日本间谍的活动受武官指挥,很多武官甚至直接从事间谍活动,如福岛安正1883年就以外交官身份为掩护,到中国东北、华北各地从事非法的军事侦察和实地调查。井上敏夫也曾多次以武官身份搭乘舰船入旅顺口、大连湾、威海卫、和尚岛等军事要地"参观",调查北洋海军部署情况,又专门购置小火轮游历山东半岛和辽东半岛,进行详尽的现地侦察。

(二) 精通汉语,熟悉中国文化,为开展情报活动提供了极大便利

甲午战争前日本任命的驻华武官大都是中国通,有的从幼年时就开始学习汉语和汉

---

① 刘锋. 甲午战争前后日本在华间谍活动方式探究[J]. 理论观察,2016(1):91.
② 陈文添. 台湾档案所载甲午日谍案[J]. 档案春秋,2011(5):38.
③ 太田文雄. 日本人は戦略情報に疎いのか[M]. 芙蓉書房,2008:19.

文典籍,有的则是先奉派来华留学或工作多年,对中国情况非常熟悉,这为他们搜集情报提供了极为有利的条件。如被称为日本军界三大中国通之一的神尾光臣,甲午战争前夕专门负责侦察李鸿章举止,密切注视、刺探北洋陆海军的详细活动情况;泷川具和由天津陆路出发直到山海关一带探察沿途地理形势。丰岛海战前,李鸿章致总理衙门密电称:"驻津倭领事及武随员二人,自五月初至今,日派奸细二三十,分赴各营各处侦探,并有改装剃发者,狡猾可恶。"①

(三)惯用谍报手段搜集情报,活动方式极为灵活

甲午战争前的日本驻华武官和间谍均由陆军参谋本部和海军军令部派出,谍报指挥机关和武官系统之间关系密切,而且很多武官都有从事间谍工作的经历,惯于使用谍报手段搜集情报。如关文炳早在1886年就留在中国进行军事侦察。他伪装为中国商人,化名积参助,在天津城外直隶总督衙门附近开设一间书店,作为其情报活动的据点。另一日本武官泷川具和来华后,化名堤吉虎,自称虎公,潜伏于天津法租界。他或装扮成商人,或打扮为苦力,在市井码头到处侦察,很快便了解了天津、塘沽一带的地理形势和布防情况。

三、甲午战争前日本驻华武官情报活动的作用

战争,历来离不开情报。情报不仅是军队作战行动的依据,也是战争决策和指挥的基础。甲午战争前,日本驻华武官的情报活动对甲午战争的发动、战局的进程都起到了重要作用,产生了巨大影响,主要表现在以下几个方面:

(一)影响了日本侵华的战略决策

日本侵华的"大陆政策"有一个形成和具体化的过程,包括驻华武官报告在内的情报工作在其中起到了推波助澜的作用。如福岛安正在其《邻邦兵备略补正》一书中称"殷鉴昭昭","邻邦之兵备愈强,本邦之兵备亦不可懈",成为日本军国主义分子鼓吹对华军备压倒一切的依据②。神尾光臣极力主张尽快与中国开战,在他送回本国的报告中,"往往过分夸大清国开战意图",以此敦促日本早下决心发动战争,对日本发动战争的决策起了很大的作用。

(二)提供了开战时机方面的建议

日本政府发动侵华战争的方针虽早已确定,但何时发动却需要情报部门的建议才能

---

① 戚海莹.近代日本的对华谍报活动述论[J].理论学刊,2012(1):103-107.
② 李新伟.甲午战争时期日本对华谍报活动述评[J].长江论坛,2015(5):89.

最后决断。在这方面,日本驻华武官利用其身份优势,随时向国内报告清廷动向并提供建议,发挥了重要作用。甲午战争前,神尾光臣在天津收买了清政府军机处官员,由此日本掌握了包括清政府作战计划、备战情况等在内的大量有价值情报,从而在动员与作战行动上占得了先机。1894年7月,泷川具和侦知清政府正大举筹备"万寿庆典",而且"华北一带大雨不断……道路泥泞,军队调动困难",建议"可乘之机就在近日,拖延时日使彼稳固基础,非为得策。故谓速战有利"。泷川具和的报告"对日本进行战争的决心起了很大影响作用"①。

(三) 提供了直接服务登陆作战的战场情报

甲午战争中,日军在花园口、龙须湾、荣成湾等地多次实施登陆作战,每一次都取得了成功。除了清军的战略失误,日本武官通过现地侦察得来的精确战场情报也发挥了重要作用。如在选择山东半岛登陆地点时,关文炳的调查报告受到重视。关在其报告中指出,荣成湾水深,沙底适于受锚,无论遇到何等强烈的西北风天气皆可安全锚泊,且此处为直隶海峡外侧的偏僻海隅,离山东半岛军事要镇威海卫较远,正好窥其罅隙,扪威海之背。日军经过认真复查,最终认定荣成湾为登陆地点,顺利实施了登陆。1893年,井上敏夫、泷川具和分别乘船侦察渤海沿岸各海口,对这些地方的气候、地形、水文数据进行了仔细调查。根据这些资料,日方制作了高精度的作战地图,地图注的标高、地名、方位、距离、浅滩、潮汐等资料都非常准确详细。后来,山县有朋提出《征清三策》,主张从直隶北部登陆,与清军主力决战,迫使清政府订立城下之盟,正是根据泷川具和侦察的结果②。

四、结语

综上所述,甲午战争前日本驻华武官利用外交身份积极活动,通过实地考察、现地侦察、领导指挥日本间谍和收买利用汉奸间谍等手段,秘密搜集渤海湾及黄海沿岸的兵要地志、北洋舰队动向和清政府备战情况等极有价值的情报;其情报活动不仅影响了日本政府的侵华决策,也有力地配合了日军的作战行动,成为日本制定、推行侵略扩张政策不可缺少的重要保障力量和工具。

---

① 李文海,康沛竹.甲午战争与日本间谍[J].清史研究,1994(4):13.
② 戚其章.甲午战争前日谍在华活动述论[J].晋阳学刊,1987(4):78-84.